LE GOUVERNEMENT MILITAIRE

ET

LA COLONISATION EN ALGÉRIE

LE
GOUVERNEMENT MILITAIRE

ET LA

COLONISATION EN ALGÉRIE

PAR HENRY DIDIER

Ancien Représentant de l'Algérie à la Constituante et à la Législative

PARIS

E. DENTU, LIBRAIRE ÉDITEUR

Palais-Royal, 17 et 19, galerie d'Orléans

—

1865

LE GOUVERNEMENT MILITAIRE

ET

LA COLONISATION EN ALGÉRIE

Aux premières lueurs du jour, le 17 septembre 1860, Alger avait revêtu ses plus beaux habits de fête; la ville tout entière resplendissait d'arcs de triomphe, de banderoles et de drapeaux chargés de devises de toutes sortes; elle attendait et allait recevoir la visite de l'Empereur, dont le bateau, signalé, approchait du port; et déjà de toutes parts, du haut de ses mille terrasses, de ses quais, de ses places, éclataient les acclamations les plus ardemment enthousiastes.

Affranchie depuis deux ans de la domination immédiate de la souveraineté militaire, l'Algérie se voyait, à sa grande satisfaction, placée sous l'autorité d'un ministre civil, qui s'efforçait d'élargir et d'étendre de plus en plus devant elle le champ de la colonisation, et elle se sentait heureuse de pouvoir manifester directement au chef de l'État sa reconnaissance d'un tel bienfait.

Aussi bien, lui semblait-il que rien ne devait l'arrêter désormais sur la route du progrès; et, non moins assurée de l'avenir que joyeuse et fière du présent, elle s'apprêtait à accueillir et à célébrer de son mieux l'hôte auguste et providentiel qui lui avait fait cette situation, et qui vraisemblablement ne venait s'offrir à ses hommages que pour lui apporter, en retour, le surcroît d'encouragement et d'aide dont elle avait besoin pour pouvoir s'avancer d'un pas plus rapide et plus sûr vers cet idéal de son cœur et de son esprit : l'assimilation complète avec la France.

Les peuples sont ainsi faits, et c'est leur gloire, que le bien qu'ils conquièrent ou qui leur est concédé n'est jamais à leurs yeux qu'une raison d'aspirer à un bien plus grand encore. Le but atteint est pour eux le point de départ d'un autre but à atteindre, et c'est de cette sorte, en tendant toujours plus loin et plus haut, qu'il leur est donné de grandir et de s'élever toujours, et de mériter un sort incessamment meilleur.

Alger était donc, à cette heure, dans toute l'ivresse du contentement. La venue de l'Empereur était pour elle un gage de prospérité nouvelle ; et, en saluant d'un immense et unanime applaudissement son débarquement dans ses murs, elle ne faisait qu'affirmer sa foi en elle-même et dans sa propre fortune, en présence du prince de qui elle devait tout espérer et dont elle avait, avant tout, à cœur de se concilier la faveur et la bonne volonté.

C'est ainsi que la première parole qu'elle lui adresse est un vœu en même temps qu'une action de grâces.

« Dans ces derniers temps, Votre Majesté nous a comblés : chemins de fer, crédit foncier, justice musulmane, décret sur la vente des terres, boulevard de l'Impératrice, grands travaux publics.

« L'Algérie prend sous votre inspiration un essor longtemps attendu, et qui va se développer et grandir à l'ombre des institutions civiles dont Votre Majesté a doté cette seconde France. »

Et le surlendemain, au dîner de gala de la municipalité, enhardie par trois jours de bienveillance de son illustre visiteur, c'est d'un accent plus ferme qu'elle ose ajouter :

« Après trente ans de luttes, l'Algérie est soumise.....

« Aujourd'hui c'est aux institutions civiles, dont la France est si riche et qui ont porté si loin sa renommée, qu'il appartient de compléter l'œuvre : c'est à elle d'opérer entre les races le rapprochement sans lequel il ne saurait y avoir pour nous aucune force et prospérité. »

Et l'Empereur, ému des témoignages d'éclatante et dévouée sympathie qui l'ont partout acclamé pendant ces trois grandes et mémorables journées, veut bien répondre :

« Ma première pensée, en mettant le pied sur le sol africain, se porte vers l'armée, dont le courage et la persévérance ont accompli la conquête de ce vaste territoire. »

. . . .

« Quant à ces hardis colons, qui sont venus implanter en Algérie le drapeau de la France et, avec lui, tous les arts d'un peuple civilisé, ai-je besoin de dire que la protection de la Métropole ne leur manquera jamais ? Les institutions que je leur ai données leur font déjà retrouver ici leur patrie tout entière ; et, en persévérant dans cette voie, nous devons espérer que leur exemple sera suivi et que de nouvelles populations viendront se fixer sur ce sol à jamais français. »

. . . .

« Si j'ai traversé la mer pour rester quelques instants parmi vous, c'est pour y laisser comme traces de mon passage la confiance dans l'avenir. . . . . . »

Tant il y a qu'il pouvait paraître aussi convenable que légitime de croire qu'il existait alors, au moins sur le fond des choses, l'accord le plus parfait entre les espérances des colons algériens et les vues de la toute-puissance impériale, et que, sans méconnaître aucun des services rendus par l'héroïque vaillance de notre armée, le gouvernement était disposé à admettre que, la conquête achevée, c'était à l'autorité civile plutôt qu'à l'autorité militaire que devait être imposée la tâche de pourvoir aux destinées de l'Algérie, et à la loi plutôt qu'à la discipline qu'il appartenait de présider, par une protection à la fois plus visible et plus efficace des intérêts et des personnes, au développement de l'œuvre si compliquée et si difficile de la colonisation.

Mais, dans son court séjour en Algérie, l'Empereur n'avait pas entendu et recueilli seulement les cris de joie et d'enthousiasme des colons ; il avait aussi été mis de très-près en relation et en contact avec les populations indigènes. Des points les plus reculés du territoire on avait fait venir et rassemblé, au nombre d'environ huit mille hommes, en équipage et dans le plus bel appareil de guerre, les goums les plus exercés au maniement des armes. Il y avait là des représentants des tribus les plus belliqueuses des trois provinces, jusqu'à des Touaregs, ces pirates du désert, à la face voilée, qui sont la terreur et le fléau des caravanes, dans leurs voyages à travers le Sahara.

Campés par échelons, à une courte distance d'Alger, dans la magnifique plaine de la Maison carrée, laquelle a pour limites à l'horizon les premiers contreforts de l'Atlas, et dans le lointain les belles montagnes bleues de la Kabylie, ils étaient, eux aussi, impatients de prouver à leur manière leur amour au grand Sultan de leurs vainqueurs et d'eux-mêmes, et se tenaient prêts à faire parler vivement la poudre ; et, après avoir donné à tous les regards émerveillés l'émouvant spectacle d'un simulacre de combat et de razzia mené avec la vigueur et l'entrain d'une véritable affaire de guerre, ils avaient défilé comme un ouragan, dans une splendide fantasia, au bruit de leur musique criarde et sauvage, devant la tente impériale.

Une grande et belle scène de ce genre, quand pour la première fois on la rencontre sous les yeux, surprend l'imagination autant qu'elle la charme et l'éblouit. Mais elle inquiète aussi, et, en éveillant l'idée d'un danger plus ou moins présent et plus ou moins réel, elle force au recueillement et peut déconcerter un instant le courage et la raison.

Il ne servirait en effet à rien de le nier : ces hommes, si pittoresquement drapés dans leurs beurnous, si fièrement dressés sur leurs chevaux, si imposants dans leur contenance , si intrépides à l'attaque, si rapides dans la fuite, si prompts au retour offensif, et toujours si ardents et si habiles à jouer du fusil, ce sont, à l'occasion, des soldats, de vrais soldats. Il serait donc imprudent et téméraire de n'en pas faire très-sérieusement état. Bon nombre d'entre eux, tantôt avec nous , tantôt contre nous, ont fait leurs preuves de bravoure, d'énergie et parfois d'odieuse férocité, et il est certainement à propos de ne le pas trop oublier. Mais il ne l'est pas moins de rappeler à ceux qui le savent et d'apprendre à ceux qui s'obstinent à l'ignorer que les populations indigènes de l'Algérie comprennent près de trois millions d'âmes ; qu'une petite armée de gens de cette trempe veut être cherchée et soigneusement choisie parmi douze cents tribus dispersées sur un territoire presque égal en étendue à celui de toute la France, sans lien défini entre elles, sans organisation administrative ou militaire qui leur soit commune , isolées au contraire et indépendantes les unes des autres, par conséquent sans forces réelles contre l'unité et la hiérarchie ; que ces tribus, cent fois réduites à merci par l'irrésistible supériorité de nos armes, ont la conscience qu'il leur faut se résigner au joug de notre autorité comme à un jugement de Dieu ; qu'enfin elles se sont aussi laissé peu à peu conquérir aux séductions d'une vie de travail utile dans la paix et la sécurité, et que chaque jour on les voit, pour la plupart, se rattacher à nous d'une façon plus intime par les bénéfices et les besoins sans cesse croissants au milieu d'eux et autour d'eux de l'agriculture, du commerce et de l'industrie.

Entraînées ainsi dans le courant de notre colonisation par les nombreux avantages qu'elles y trouvent et qu'elles en retirent, elles ne demandent qu'à y être maintenues et défendues par nous-mêmes contre les passions attardées d'un reste de fanatisme aux abois, et contre la cupidité d'une petite aristocratie sans racines que nous avons eu jusqu'à présent le tort d'entretenir à leur tête, et qui est en vérité le seul péril que nous ayons à redouter pour l'avenir.

Que néanmoins des révoltes partielles et des désordres locaux se puissent encore produire, cela se conçoit et cela arrivera sans aucun doute. Par delà le Tell , sur les confins du désert, un chef mécontent, déçu dans ses calculs avides par un contrôle indiscret et gênant, ou inopportunément humilié dans les combinaisons et les visées de son ambition ; — un jeune marabout, en quête d'un crédit trop lent à venir, et exalté par la perspective et l'orgueil d'un rôle à jouer, réussiront, je le veux bien, plus d'une fois encore, en poussant le cri de guerre sainte, à séduire et à soulever quelques bandes de pillards, à jeter dans la rébellion certaines tribus dont la crédulité sera d'autant plus facile à abuser qu'elles sont plus éloignées du centre de notre action. Ce sont là des faits à prévoir et que l'autorité la mieux établie n'est pas assurée de pouvoir toujours prévenir ou empêcher chez un peuple récemment conquis et que ses conquérants consentent à laisser cantonné dans les formes conservatrices de sa nationalité distincte, dans cette constitution à l'état de tribus, cadre fermé où il continue à vivre, avec sa foi religieuse, avec ses mœurs particulières, de sa vie ancienne et primitive, légalement et systématiquement impénétrable à tout élément d'immigration étrangère et nouvelle. Mais de telles émeutes ne sauraient plus s'élever à la hauteur d'une grande guerre et prendre des proportions réellement menaçantes pour notre domination et la sécurité de nos établissements. Réprimées dans leur première explosion par la vigilance et le patriotisme de nos généraux, elles deviendront de plus en plus rares, sans pouvoir jamais être un obstacle au progrès de nos entreprises, et, destituées de toute raison, elles n'auront plus de prise nulle part le jour où, l'unité de la tribu ayant été brisée et la propriété privée étant venue prendre la place de la propriété collective et indéterminée, les intérêts arabes et les intérêts français, sous l'influence salutaire d'institutions régulières et normales et par la pente naturelle des choses, se seront mêlés et confondus dans les rapports d'une intime et indestructible solidarité. De telle sorte que, quoi qu'on puisse penser et dire des instincts guerriers de la race arabe, il demeure certain, absolument certain, que l'Algérie est soumise, et qu'il ne lui manque, pour réaliser ses destinées, que d'être résolûment et définitivement dotée du régime de garanties auquel elle prétend et auquel elle a droit.

Par malheur, ce régime, tant désiré par la population civile et qu'appellent les principes les plus élémentaires de l'économie politique et administrative, a pour adversaires les principales notabilités de l'état-major de notre armée. Cette terre algérienne qu'elles ont la gloire d'avoir arrachée pied à pied à la barbarie et dont elles ont fait une si brillante et si précieuse annexe de la France, au prix de longues années de souffrances, de sang versé et de sacrifices infinis, elles se sont persuadé qu'elle ne peut être contenue et gouvernée que par leurs mains victorieuses, et elles tiennent à devoir presque autant qu'à honneur de rester seules ses tuteurs, ses patrons et ses maîtres dans les voies de la civilisation.

La création d'un ministère spécial, expression de l'autorité civile substituée à l'autorité militaire dans la haute direction des affaires de l'Algérie, avait donc été pour elles un échec, plus qu'un échec, une sorte de spoliation; et de la meilleure foi du monde, sous l'excitation d'un sentiment honorable sans doute, mais un peu présomptueux et injuste, de dignité blessée, il leur paraissait que l'autorité nouvelle, parvenue d'un jour, exerçant un droit usurpé, était condamnée à l'impuissance; qu'elle était malhabile et malavisée, engageant témérairement toutes les questions et n'en sachant résoudre aucune, tracassière plutôt qu'active et utilement agissante, et que ses actes n'aboutissaient et ne pouvaient forcément aboutir qu'à exciter la défiance dans les tribus, le trouble dans le commandement et, en définitive, à compromettre avec l'ordre et la paix la fortune même du pays.

Et pourtant, malgré ces reproches et malgré les fautes commises, le chiffre de la population ne laissait pas de s'accroître, l'agriculture et le commerce étaient en progrès, les travaux en satisfaisante activité, la paix était partout; et les vieux colons d'Alger, consolés par le présent, qui leur souriait, des douloureuses amertumes du passé, et tout à l'avenir, qui leur apparaissait au loin resplendissant des plus riches couleurs, s'imaginaient que, si de longues étapes les séparaient encore de la terre promise, néanmoins, pour peu qu'on poussât à la roue, le char pourrait être bientôt en pleine marche, roulant sans encombre, au gré de l'intérêt commun et de leurs plus chères espérances!

Quant aux Arabes, je n'ai aucun titre pour parler en leur nom. Mais je les ai assez longtemps pratiqués et je crois les connaître assez pour oser dire que l'administration qui saurait les soustraire à la rapacité despotique des tyranneaux auxquels ils ont affaire pourrait compter sur leur reconnaissant concours et leur fidélité ; et, si je ne me trompe, c'était là une des graves préoccupations du ministère spécial. Le haut personnage qui, en dernier lieu, en a eu la charge, avait commencé à s'y essayer. Les difficultés à surmonter étaient grandes et de plus d'un genre ; mais, avec de la persévérance, il serait arrivé certainement au succès, et il est permis de regretter qu'il n'ait pas eu la possibilité d'appliquer les rares qualités de son vif esprit à la continuation d'une expérience à laquelle est en grande partie attaché le salut de la colonisation algérienne.

Dans l'excursion que sa volonté de tout étudier et de tout connaître par lui-même l'avait conduit à faire dans les trois provinces, il avait eu, comme on va le voir, la satisfaction de recueillir un témoignage bien significatif des dispositions qui existent à ce sujet chez la plupart des Arabes.

Une fraction de tribu, comprise dans le territoire militaire, mais confinant au territoire civil, — comparaison faite, — s'était prise à penser qu'il y avait avantage à vivre de ce côté-ci plutôt que de ce côté-là ; que l'impôt y était moins lourd, le commerce plus libre, le travail plus sûr et mieux rétribué, l'autorité moins exigeante et plus paternelle ; qu'il vaut mieux être propriétaire qu'usufruitier, posséder à titre définitif qu'à titre précaire, dépendre de la loi écrite et de règlements préalablement établis que de l'équité arbitraire et variable de chefs omnipotents ; et elle avait pétitionné, pétitionné tant et si bien, qu'en dépit des objections, des résistances et des oppositions, elle avait fini par obtenir son incorporation au territoire civil. Les terrains sur lesquels elle n'avait fait jusque-là que camper avaient été découpés en lots et répartis, d'un consentement commun, entre le domaine, pour les besoins de la colonisation, et les diverses familles, suivant les facultés de culture et d'exploitation de chacune d'elles ; puis elle avait été admise dans les rangs des administrés de la préfecture ; et, trouvant la condition bonne, elle en reportait le mérite à la bienfaisante action du ministre, à qui, en reconnaissance, elle fit présenter une adresse conçue à peu près en ces termes :

« Que les bénédictions de Dieu se répandent sur toi et sur les tiens ! Nous te devons notre délivrance ; par toi nous voilà libres, et nous sommes aujourd'hui les égaux et les frères des Français ; nous jouissons de terres qui sont à nous en toute propriété ; nous ne payons que l'impôt qui est régulièrement dû ; nous travaillons et nous commerçons à notre aise et à notre gré, et le fruit de notre travail et de notre commerce est tout entier pour nous. Que Dieu, qui nous protége par ta puissante main, augmente sans cesse ta prospérité, tes richesses et ta grandeur ! Pour nous, pénétrés envers toi d'une gratitude proportionnée au service que tu nous as rendu, nous déclarons que nous t'appartenons comme le bras appartient à la volonté qui le dirige, et nous attestons que, nous et nos enfants, nous sommes, dès à présent et pour toujours, unis à toi et à tes enfants comme le lait dans le café, en se mêlant avec lui, y est uni et en devient inséparable. »

La littérature africaine est emphatique ; sans que cela tire à conséquence, elle tourne volontiers à l'adoration et se plaît à des images qui peuvent n'être ni du meilleur goût ni de la plus exacte justesse ; mais ici l'emphase a cela d'excusable, qu'elle met davantage en relief et fait mieux ressortir la différence profonde de deux situations dont il importe de se bien rendre compte ; qu'elle marque et accuse plus fortement l'impression ressentie par les Arabes passant du régime militaire de la tribu sous le régime civil de la commune, et qu'elle donne à propos au sentiment que ces Arabes éprouvaient pour l'éminent ministre un éclat qui sert à en mieux préciser et la cause et la portée.

Il est à croire, du reste, que cette manifestation inaccoutumée n'a pu déplaire à l'hono-

rable M. de Chasseloup-Laubat ; et beaucoup, à sa place, en se la rappelant, y retrouve-
raient assurément un des meilleurs et des plus heureux souvenirs d'un voyage en Algérie.

Quoi qu'il en soit, dès le premier jour de son arrivée à Alger, l'Empereur n'avait pu
manquer de s'apercevoir qu'il y avait un abîme entre les idées des colons et celles des chefs
de l'armée sur le caractère et la forme du gouvernement que pouvait comporter l'Algérie.

Pour les premiers, — après trente ans d'épreuves et d'attente, le ministère spécial n'éta t
qu'un commencement ; la colonisation, à l'étroit dans les territoires qui lui ont été impartis et
qu'elle a transformés et progressivement repris à l'inculture, veut des territoires nouveaux
à défricher et à fertiliser, et demande des institutions de plus en plus conformes à celles
de la France pour attirer à elle les capitaux et les bras qui lui font défaut, et qu'effraye et
éloigne la seule apparence de la discipline régimentaire.

Pour les seconds, — les indigènes sont trop foncièrement et trop irrémédiablement asservis
aux préjugés du mahométisme, trop réfractaires aux habitudes et aux procédés des gouvernements de l'Europe chrétienne, trop prompts à en appeler des mécomptes de leurs
brutales passions aux hasards de la bataille, en un mot, trop enclins à diviniser la force
et à ne se courber que devant son prestige, pour se laisser gouverner autrement que par
la force et pour que, là où ils se comptent deux millions cinq cent mille en face de deux
cent mille seulement, il ne devienne pas indispensable de remettre à la force, pour la
protection de tous et de tout, le droit suprême de commandement sur tout et sur tous, san s
distinction et sans exception.

Ces appréciations, ces intérêts et ces aspirations si contraires s'étaient révélés à l'envi et
avec une suffisante clarté dans l'attitude et dans les discours des uns et des autres ;
mais on eût pu aussi bien les reconnaître ou les deviner sous la pompe des fêtes et
des ovations qui venaient de se succéder ; et l'on raconte que l'Empereur, dont la
sollicitude à cet égard était depuis longtemps déjà tenue en éveil, voulant en juger en
connaissance de cause, trouva à propos d'appeler et de réunir en un grand conseil autour
de lui, avec le ministre et les trois préfets, le commandant supérieur des forces de terre
et de mer et les généraux de division qui étaient ou avaient été mêlés à l'administration
du pays.

Ce qui se passa dans ce conseil, je l'ignore. Mais il est probable que les opinions diverses
y furent minutieusement interrogées, sinon également bien représentées et défendues, et
qu'il y eut alors une enquête approfondie sur ce qu'il était utile et possible de faire ; et
tout le monde sait que, à deux mois de là, à la date, depuis si célèbre, du 24 novembre, le
Moniteur publiait deux décrets, dont l'un, restituant au Corps législatif le droit d'adresse,
c'est-à-dire le droit de discuter librement et tout haut les actes de la politique, tant inté-
rieure qu'extérieure, du gouvernement, obtenait l'approbation de toute la France, tandis
que l'autre, disposant que « le ministère de l'Algérie était supprimé, » allait porter la
consternation dans l'âme de nos colons.

Pauvre Algérie ! Pourquoi une telle disgrâce au lieu d'une plus large émancipation
qu'elle espérait, et dont elle n'est pas indigne ? — Parce que les Arabes sont des musulmans convaincus, et qu'ils ont, au fond du cœur, la haine du chrétien ; — parce qu'ils
aiment le bruit des armes, qu'ils ont le goût de la guerre, et que la peur est seule capable
de les tenir assujettis à notre domination et à notre service ; — parce que la population
civile européenne n'est ni assez nombreuse ni assez forte pour se faire respecter elle-
même, et parce que ses fonctionnaires, essentiellement pacifiques, n'ont été vus en aucune
rencontre commandant le feu de file ou le feu de peloton, et qu'ils ne peuvent avoir vis-à-
vis d'un tel peuple l'autorité de la victoire, la seule qui sache le faire plier et obéir.

Est-ce bien vrai, tout cela ?

De musulman à chrétien, la sympathie n'est ni naturelle ni spontanée, ni de tradition
ni d'éducation ; mais, — depuis plus d'un tiers de siècle que les musulmans du nord de

l'Afrique et les chrétiens de France sont en lutte, et que, après s'être heurtés dans d'innombrables combats, ils se sont trouvés ensemble dans les mêmes camps, sous les mêmes tentes, à la même table, liés, de gré ou de force, à la même cause, — ils ont appris à se connaître réciproquement, et, si les préjugés religieux, qui les poussaient en aveugles les uns contre les autres, ne se sont pas tous effacés de leurs esprits, on peut du moins affirmer qu'ils se sont sensiblement atténués, et qu'on en est venu de part et d'autre à une tolérance très-rassurante.

Je n'apprendrai rien à ceux qui ont parcouru l'Algérie en disant que les Arabes ont pour nos prêtres la plus grande vénération, et que le temps est passé où, parce qu'ils ne nous voyaient pratiquer aucun culte, ils nous considéraient comme des ennemis de Dieu. Du jour où nous avons bâti des églises à côté de leurs mosquées, ils se sont souvenus que le Coran glorifie Jésus-Christ comme le dernier et le plus grand des prophètes, avant Mahomet, et ils savent que la morale prêchée par l'Evangile recommande plus expressément encore que ne le fait leur livre sacré la justice, la fidélité aux engagements, la compassion pour les faibles et la charité envers tous. La maxime : « Ne fais pas à autrui ce que tu ne veux pas qu'autrui te fasse, » leur est familière comme à nous-mêmes ; et il est à remarquer que les appels aux armes que des ambitions individuelles ou l'esprit d'aventures et de pillage font encore parfois retentir dans les tribus voisines du Maroc ou du désert, sous prétexte de religion, ne trouvent d'écho que dans un bien petit nombre d'âmes, et que les révoltes ainsi suscitées soulèvent la réprobation de toutes les tribus du Tell, qui mettent avec joie à notre disposition leurs contingents de guerre pour les combattre et pour les vaincre. Et puis, en dépit de l'état social dans lequel ils persistent à se mouvoir, et où l'on aime à chercher les derniers vestiges de la vie patriarcale et l'ombre de ses vertus implacables, ils n'en ont pas moins été entamés aussi par l'action érosive du temps, et ils ne résistent guère plus que nous, les civilisés et les désillusionnés de la vieille Europe, à la tentation d'adorer le veau d'or, ce dieu terrestre qu'ont si souvent adoré leurs ancêtres, et de se faire ses serviteurs et ses esclaves. Et, comme, notre présence au milieu d'eux y est une cause permanente de mieux-être, la source et la garantie d'un travail plus fructueux, de cultures plus étendues, de moissons plus abondantes, d'une circulation de denrées, de marchandises et d'écus plus active, plus sûre et plus profitable à leurs intérêts, — après l'apaisement des passions religieuses, qui déjà est un obstacle aux suggestions de la démence fanatique, — l'instinct de la conservation est là pour les avertir que le mieux qu'ils puissent faire pour eux-mêmes est de rester en paix et unis avec nous.

Cependant, à ce moment même (1), la guerre a éclaté ; elle sévit et exerce ses fureurs dans les parties extrêmes des provinces d'Oran et d'Alger ; et si elle ne vient pas faire invasion dans les contrées occupées par la colonisation, c'est grâce à nos héroïques soldats, qui sont accourus et lui barrent le passage : une guerre d'embûches et de guet-apens qui réunit sous un même chef jusqu'à trois mille combattants ; une guerre dont les causes ne sont pas bien connues, mais où les excitations religieuses ont leur part sans doute, et qui exposerait inévitablement à d'affreux désastres nos laborieux colons, épars sur le sol, dans des villages et dans des fermes, s'ils étaient abandonnés à eux-mêmes.

Gloire donc et reconnaissance à notre armée, qui, en se sacrifiant généreusement à la compression de cette rébellion insensée, va ajouter un nouveau service scellé de son sang à ceux que, depuis trente-quatre ans, elle ne cesse de rendre au drapeau et à la souveraineté de la France en Algérie !

Je ne sais rien, pour mon compte, de plus beau et de plus digne d'admiration. Mais je ne connais personne, parmi les partisans les plus déclarés de l'opinion que la colonisa-

(1) Cette triste guerre est aujourd'hui heureusement terminée ; mais il y a trois mois que ces pages sont écrites, et je crois à propos de n'y rien changer.

tion ne se peut faire avec succès que par l'influence de l'esprit civil et sous les auspices d'un gouvernement civil, qui ne partage ce sentiment.

Cela prouve ce qu'il était inutile de prouver : que la colonisation a besoin d'être constamment protégée par une force militaire imposante ; qu'au fur et à mesure qu'elle pousse en avant ses conquêtes, il est nécessaire que les troupes se portent aussi en avant pour la couvrir et couvrir en même temps les tribus qu'elle associe successivement à ses œuvres. Quoi de plus naturel et de plus légitime ? Qui donc a jamais demandé que l'armée qui garde l'Algérie fût licenciée ou amoindrie dans son effectif ? Est-ce qu'il n'y a pas en France des nécessités d'ordre public qui exigent le maintien sur pied d'une puissance militaire considérable ? Est-ce que les gouvernements les plus forts de l'Europe ne tirent pas leur prépondérance au dehors, leur sécurité au dedans, de l'organisation et de la consistance de leurs armées ? Comment s'étonner alors que nos deux cent mille colons algériens ne soient pas par eux-mêmes en état de se préserver des désordres accidentels que l'aveuglement de l'esprit de résistance et d'insurrection peut encore exciter çà et là ? Certes, il vaudrait mieux qu'ils le pussent faire ; mais il vaudrait mieux aussi qu'ils fussent deux millions plutôt que deux cent mille. Et à quoi tient-il qu'ils soient si lents à se multiplier, si ce n'est à ce que, s'agissant d'une œuvre de paix à accomplir, c'est le gouvernement de la guerre qui est chargé de la diriger et de la conduire ? On a dépensé des sommes énormes en constructions de villes, de villages, de routes et de ports, en travaux de défrichement et d'assainissement ; le sol est d'une fécondité merveilleuse ; le climat, le plus beau du monde ; c'est là, à quarante-huit heures de nos côtes ; et il y a chaque année des milliers de nos concitoyens qui émigrent et vont chercher hors de France une meilleure place au soleil, et ils ne vont pas en Algérie !

A distance, on s'exagère, je le veux bien, les rigueurs et les inconvénients du régime militaire, et on les redoute plus que de raison. Mais il n'en reste pas moins constaté par là que le régime militaire retarde et empêche l'accroissement du nombre des colons, et que le régime civil, par les sûretés qu'il implique, aurait seul la puissance d'attraction suffisante pour déterminer un effet tout contraire.

Les Arabes eux-mêmes, je l'ai montré plus haut par un exemple, ceux que des relations quotidiennes d'intérêts et d'affaires rapprochent de nos colons, ne dissimulent guère, quand ils se le croient permis, leurs préférences pour ce dernier régime. Il est pour eux contre les excès de la petite aristocratie hiérarchisée sur leurs têtes une protection et une sauvegarde qu'ils savent apprécier ce qu'elles valent. Apres au gain et attachés à leurs intérêts autant et plus qu'à la vie, ils ont la vue claire, l'intelligence ouverte, et l'autorité, qui n'a d'autre guide que la loi en tout et pour tout, et qui leur rend et leur fait rendre justice exactement et équitablement, n'a pas à craindre d'être jamais méconnue ou dédaignée par eux. Il n'est nul besoin qu'elle brille des splendeurs de la gloire militaire ; il lui suffit de son titre pour obtenir tout naturellement, avec la déférence qui lui est due, l'obéissance la plus facile et la plus absolue.

J'en ai fait personnellement l'expérience, il y a bien longtemps déjà. Pendant toute l'année 1845, j'ai eu l'honneur d'être procureur du roi à Philippeville. C'était presque à la naissance de cette ville, qui se fondait sur les ruines et au milieu des décombres d'une vieille cité romaine entièrement disparue. La population qui en avait pris possession se composait de deux ou trois mille habitants actifs, énergiques, bâtissant et faisant le commerce avec une ardeur incomparable. En dehors, dans la plaine, quatre pauvres villages en formation : Vallée, Danrémont, Saint-Charles et Saint-Antoine, et plus loin, à cinq ou six lieues, sur la route de Constantine, un camp, El Arrouch ; le tout serré et pressé de toutes parts par de nombreuses tribus arabes ou kabyles qui faisaient peur, et en face desquelles on se tenait avec raison en perpétuelle défiance.

Mais l'intérêt est un grand magicien qui n'est pas moins habile à dompter et à transformer les cœurs farouches des barbares que les consciences amollies des races civilisées. Les indigènes trouvant à vendre à des conditions avantageuses à nos colons, négociants ou cultivateurs, leurs bestiaux, leurs laines et leurs blés, avaient noué avec eux d'utiles rapports qui de jour en jour devenaient plus fréquents. Les ventes, faites d'abord au comptant, ne pouvaient donner lieu à aucune réclamation; mais, peu à peu, la confiance stimulée par l'appât du lucre était venue; les marchandises vendues étaient livrées à crédit, à un mois, à deux mois de terme, et, l'échéance arrivée, les acheteurs n'étaient pas toujours en mesure de s'acquitter; ils ajournaient leurs créanciers à un autre terme. A l'heure dite, ceux-ci se présentaient, et si par hasard, comme la première fois, ils étaient ajournés encore, ils portaient bien vite leur plainte au procureur du roi, qui appelait les débiteurs, leur faisait sentir qu'ils représentaient pour leur part l'honnêteté et la loyauté de la France vis-à-vis d'un peuple à conquérir à notre civilisation, et les mettait en demeure de remplir au plus tôt leurs engagements. Alors, et en sa présence, de nouveaux termes étaient convenus, et toujours il y était fait honneur. Cette façon d'obtenir justice, sans qu'il leur en coûtât rien, comblait de satisfaction, d'étonnement et de respect Arabes et Kabyles; et apparemment ils se plaisaient à le redire dans leurs tribus, car bientôt ce n'étaient plus seulement leurs plaintes contre des colons que les indigènes venaient soumettre au jugement du procureur du roi, c'était aussi des contestations et des différends élevés entre eux-mêmes qu'ils voulaient le faire arbitre. Et, quand son devoir l'a obligé à sortir de la ville pour la recherche et la constatation de crimes, hélas! trop communs à cette époque, où la guerre des premiers jours, acharnée et à outrance, était encore partout flagrante, couvert de sa seule qualité de procureur du roi, sans épée au côté et sans képi galonné sur la tête, il n'a trouvé nulle part chez eux que soumission empressée à ses ordres et à l'autorité de ses fonctions.

Et, les années suivantes, en 1846 et en 1847, à Blida, j'ai vu les mêmes faits se reproduire et, comme moi, la plupart des administrateurs civils arriver aux mêmes heureux résultats.

La justice et l'équité qui parlent au nom du Pouvoir, quel qu'il soit, s'imposent parce qu'elles sont le pouvoir lui-même; mais elles attirent aussi à elles par une sorte de séduction naturelle qui, à elle seule, suffirait pour les faire respecter. Dans les sociétés primitives surtout, où presque toujours, pour ne pas dire toujours, le droit est obscurci par la vénalité et opprimé par la force, la justice n'a qu'à paraître pour se faire écouter, comme la plus miraculeuse des nouveautés, et prendre aussitôt l'empire qui lui appartient. Il ne lui faut pour cela ni costume ni appareil particuliers; elle n'a besoin que de s'appeler de son nom : la Justice.

Ainsi, à tous les points de vue, et malgré la triste guerre actuelle et ses lamentables violences, la mesure qui a supprimé le ministère de l'Algérie et rétabli le gouvernement général militaire à Alger reste à mes yeux sans justification; elle ne s'explique, me semble-t-il, par aucune raison sérieuse d'intérêt public, et ne peut que rejeter et enrayer de nouveau la colonisation dans l'ornière d'où elle venait à peine de sortir et où la voilà condamnée à se traîner encore, à son grand préjudice et au grand préjudice des intérêts de la France tout entière.

Toutefois, les colons, qu'elle avait tout d'abord frappés d'autant d'abattement que de surprise, la première émotion passée, sont bientôt revenus à eux-mêmes. A la longue, l'habitude des traverses et des infortunes leur a fait un tempérament à l'épreuve des déceptions les plus cruelles; ils veulent vivre, vivre quand même, et ils n'ignorent pas que la colonisation est aussi un champ de bataille où la victoire ne saurait être que le prix du courage, de la persévérance et de la ténacité. Or, ils sont courageux, persévérants et tenaces. En relisant le décret et en remarquant que le vainqueur de Sébastopol, le duc de Malakoff, leur était donné comme gouverneur général, chargé à Alger des attributions que l'on enlevait au ministre, ils ne désespérèrent pas de trouver en lui un protecteur éclairé et bienveillant.

Avec une parole brusque et quelquefois mal à propos querelleuse, l'illustre maréchal avait un cœur d'or, l'esprit fin et délié, et savait être, quand il le voulait, le meilleur et le plus aimable des hommes. Si un jour il s'était rendu redoutable à la guerre par un acte de rigueur sommaire dont la responsabilité est lourde à porter, en revanche il avait longtemps administré la province d'Oran avec une douceur et une intelligence dont on n'avait pas perdu le souvenir. On le savait attaché à l'Algérie, accessible à tous, capable de tout comprendre; et, comme il ne lui restait plus rien à demander à la gloire militaire, on supposait aisément qu'il pourrait n'être pas insensible à l'honneur qui s'offrait à lui de devenir le patron dévoué et glorieux de la colonisation.

D'ailleurs, l'institution d'un Conseil général par chaque province restait intacte, et les préfets conservaient toute leur autorité dans les territoires civils, sans altération et sans diminution aucune, sous l'autorité du gouverveur général; en sorte que rien n'empêchait d'imaginer que la centralisation des pouvoirs seule était déplacée et transportée de Paris à Alger; ce qui pouvait n'être, en résultat, que du temps gagné et une facilité plus grande de faire le bien, vite et à propos.

Les choses vues par ce côté, peu s'en fallut que ce changement si grave dans l'organisation générale, et qui d'abord avait provoqué un mécontentement universel, ne fût ensuite accepté comme un sujet de se réjouir. Quelques esprits se montèrent en ce sens, et il se rencontra des optimistes assez intrépides pour le célébrer comme une conquête et assez bien inspirés pour rêver aussitôt une Algérie se gouvernant elle-même, avec un Sénat à elle et un Corps législatif lui appartenant en propre. Encore un peu, grimpés sur cette échelle de fée qui mène tout droit au ciel par le plus court chemin, ils se seraient persuadé à eux-mêmes et auraient prouvé aux autres que l'Algérie n'a que faire de la France et qu'elle pourrait, sans trop de peine, se passer d'elle. En tout temps et partout, les chimères sont les consolatrices des malheureux!

Mais, chimères à part, ne pouvant mieux faire, on prenait bravement son parti de ce qui était advenu; on avait confiance dans les bonnes intentions du maréchal; et on attendait assez allégrement qu'il arrivât et qu'il se mît à l'œuvre.

Une grosse et importante question, la plus grosse et la plus importante peut-être de celles qui intéressent la colonisation : la question du cantonnement des indigènes, était alors à l'ordre du jour. Cette question résolue, c'était la tribu, désorganisée et désagrégée, s'ouvrant à la vie côte à côte et en quelque sorte commune entre les Français et les Arabes, se prêtant, si faire se peut et autant qu'il se peut, par les nécessités du travail et des échanges et par la réciprocité obligée des bons offices, au mélange des races; c'était le crédit fondé en même temps que la propriété constituée et mobilisée, — l'impôt abusivement basé sur le produit et si justement critiqué, converti en un impôt territorial, fixe, égal, assis et perçu, comme en France, honnêtement et scrupuleusement; c'était le faisceau des forces arabes irrévocablement rompu, et, au lieu de la force collective et compacte toujours à craindre et à surveiller, la force individuelle régularisée dans le mouvement d'une transformation générale et d'une prospérité commune et solidaire; d'où la fin des révoltes et des insurrections, par là privées de leur point d'appui naturel et n'ayant plus dès lors aucune raison d'être. Mais comment la résoudre? On n'était d'accord ni sur les principes, ni sur les moyens, ni sur les formes à suivre. La matière était grave, confuse, pleine d'embarras. Le maréchal, qui y avait longtemps réfléchi et qui mieux que personne se rendait compte des difficultés de droit et de fait à éclaircir et à trancher, comprenant aussi que nulle affaire n'était plus instante et d'un intérêt plus considérable, se fit un devoir, dans sa sagesse, de remettre à une commission composée d'officiers supérieurs et de fonctionnaires civils d'un mérite et d'une compétence éprouvés, le soin d'en faire une étude attentive et approfondie, et de lui rapporter, sous la forme d'un projet de décret impérial, le résultat de ses recherches, de ses discussions et de ses travaux.

La commission, nommée par un arrêté du 29 mai 1861, entra immédiatement en fonctions.

Il n'est ignoré de personne qu'il y a, en Algérie, deux espèces d'indigènes : — d'une part, les Kabyles, mélange de Numides, reconnaissables, comme le pays lui-même, à certains traits caractéristiques tout vivants encore dans le portrait tracé sur place que nous en a laissé Salluste, et de Vandales, non moins reconnaissables par leur physionomie septentrionale et leur barbe rousse, les uns et les autres chassés et refoulés ensemble dans les montagnes par des invasions successives, — et, d'une autre part, les Arabes qui sont venus, il y a dix siècles, des plaines de l'Asie, armés du sabre de Mahomet, s'emparer des parties du pays laissées vides devant eux.

Les Kabyles, sur qui avait passé la longue influence de la domination romaine et qui en ont retenu l'habitude de la vie municipale, le goût de l'ordre et de la discipline, retranchés dans leurs refuges comme dans des citadelles, s'y sont organisés en petites républiques, y ont bâti des villes et des villages, créé des industries variées, et se sont assimilé le sol, qu'ils ont fécondé et qu'ils possèdent et exploitent par parcelles, à titre de propriétaires privés et individuels ; ils occupent ainsi à peu près le tiers du territoire, et représentent le tiers de la population totale de l'Algérie.

Les Arabes, au contraire, restés fidèles à leurs traditions originelles, pasteurs plutôt qu'agriculteurs, aimant à errer sur de longs espaces, perpétuellement en aventures et en guerre de tribu à tribu, et finalement asservis aux Turcs, se sont déplacés ou ont été déplacés sans cesse ; et il s'en est suivi que, parmi eux, la propriété ne s'est individualisée que par exception. Le plus communément, la terre n'est dans leurs mains qu'à titre provisoire : la tribu en a l'usufruit, l'État la nue propriété. Chaque année elle est attribuée par le chef aux familles qui l'ont cultivée l'année précédente et qui sont jugées avoir les moyens et la possibilité d'en continuer l'exploitation. Mais il se peut aussi, et il arrive souvent par des raisons diverses qu'elle soit attribuée à d'autres familles, et, dans tous les cas, à titre purement éventuel et précaire ; et, comme la circonscription de la tribu comprend partout une étendue de territoire qui dépasse les ressources de culture et les besoins de la population, les parts ainsi faites, il reste un excédant plus ou moins considérable, mais toujours considérable, qui est en partie abandonné au libre parcours des troupeaux et en partie délaissé tout à fait inculte et inutile.

Voilà l'état des choses, tel qu'il existait lorsqu'en 1830 nous sommes entrés à Alger, et tel qu'il a été maintenu et conservé depuis par notre propre législation !

Il en résulte qu'à l'égard des Kabyles, en général au moins, la propriété foncière étant un fait ancien, constant, normal, il ne s'agissait que de la reconnaître et de la marquer du sceau de notre souveraineté pour la consolider vis-à-vis de tous et la rendre aliénable et transmissible, à la volonté de ses détenteurs.

Mais, à l'égard des Arabes, l'État, nu-propriétaire, ayant à pourvoir aux exigences de la colonisation européenne, à la sécurité de tout le pays, à la fusion des intérêts, à la mise en valeur de tant de richesses négligées et perdues, ne pouvait-il pas, ne devait-il pas tenter de leur racheter ces terrains dont, de temps immémorial, ils ne faisaient aucun usage ; de les fixer définitivement au sol par le lien de la propriété individuelle et personnelle venant se substituer à une jouissance subordonnée, incertaine et tourmentée ; d'échanger son droit de nue propriété sur le tout contre la pleine propriété d'une partie seulement, et dans des conditions telles que ces accommodements pussent devenir pour tout le monde, pour les Arabes et aussi pour nos colons, en rapprochant les uns des autres et en les intéressant également à la fécondation de la même terre, des sources assurées de progrès et d'enrichissement ? N'était-ce pas son devoir et son droit de chercher les moyens de solution de ce problème si important au point de vue de la colonisation, mais aussi, mais surtout au point de vue de l'ordre général et de la paix ?

C'est dans ces termes que se posait cette grande question du cantonnement.

La commission avait donc à l'étudier et à la réglementer de manière à satisfaire dans une sage et raisonnable mesure les intérêts d'une population nombreuse et digne de toute notre sollicitude, tout en dégageant du milieu territorial, où elle vit manifestement trop au large, la place qu'il convient d'y faire à notre colonisation. Cela ne se pouvait faire, il est vrai, sans offense et sans atteinte à l'autocratie de certains chefs indigènes que cette opération, toute de justice, allait, par voie de conséquence, dépouiller de priviléges et de bénéfices inestimables. Mais il est si évident que la propriété pleine et entière est préférable, — même au prix d'un sacrifice, — à une possession annuelle toujours chancelante, que les Arabes étaient en immense majorité préparés, et se montraient à l'avance favorables à toute transaction qui, en leur retirant la jouissance d'une partie du territoire de leurs tribus, les ferait maîtres, chacun pour sa part, du surplus, et libres d'en user et d'en disposer à leur gré. Et la commission, après deux mois de pénibles et minutieuses investigations et de savants débats dans lesquels tout avait été pesé : les droits, les intérêts et les convenances de l'État, des indigènes et des colons, avait rédigé un projet dont les principales dispositions se peuvent résumer ainsi :

« Le droit de propriété sera respecté et consacré partout où il existe et où il est constaté,
« soit en pays kabyle, soit en pays arabe ;
« Les droits de simple jouissance collectifs ou individuels existant sur le territoire des
« tribus seront convertis en droits de propriété pleine et entière, sauf un prélèvement,
« aussi en pleine et entière propriété, au profit de l'État, d'une partie de ce territoire ;
« Il sera attribué en toute propriété aux tribus et aux fractions de tribus, pour leur
« tenir lieu des terres de culture sur lesquelles elles n'ont que des droits de jouissance,
« une étendue de terrains égale à celle des terrains par elles ensemencés dans la dernière
« année, et de ceux qui, suivant l'usage, seront restés en jachères l'année précédente ; —
« comme terres de parcours, il leur sera abandonné aussi en toute propriété un nombre
« d'hectares déterminé et largement calculé sur le chiffre de têtes de gros et de menu
« bétail qu'elles posséderont ;
« Le surplus du territoire fera retour à l'État et sera aggloméré, autant qu'il sera pos-
« sible, de façon à pouvoir servir à la création de nouveaux centres de population ;
« Les terres de culture dévolues aux tribus ou aux fractions de tribus seront partagées,
« sur l'avis des conseils élus des tribus et des fractions de tribus, entre les chefs de famille,
« à titre de propriétés privées et individuelles, dans la proportion des terres ensemencées
« jusque-là par chacun d'eux. Quant aux terres de parcours, elles constitueront des biens
« communaux, qui seront régis et administrés comme les communaux en France. »

Ce projet, avec les intéressantes délibérations qui en ont précédé l'adoption et le libellé préparatoire d'un rapport à l'Empereur, qui l'expliquait et le justifiait, a été publié à Alger, sous les yeux et avec l'assentiment du maréchal : il n'y a donc aucune témérité à affirmer qu'il exprimait les vues et l'opinion personnelle de l'illustre guerrier au sujet de cette opération du cantonnement et sur les meilleures règles à y appliquer ; et certes rien n'était mieux fait pour mettre dans tout son jour l'intérêt réel et sérieux qu'il portait à la colonisation et légitimer la confiance placée en lui par les colons algériens.

Mais, dans le sein de la commission, une dissonance s'était produite sur le principe même du cantonnement : une voix y avait contesté en termes absolus le droit prétendu par l'État à une réserve quelconque sur le territoire des tribus ; c'était la voix des bureaux arabes, appuyée au dehors par de hautes influences, et ce devait être la voix du destin.

Le projet transmis à Paris et recommandé par le maréchal à toute l'attention du gouvernement, le Conseil d'État avait été chargé de l'examiner, de l'apprécier et de le convertir en loi. Il pouvait être corrigé et amendé dans son économie et dans ses détails; mais on ne doutait pas qu'il ne fût trouvé juste et équitable dans son esprit, et qu'il ne sortît triomphant de cette suprême et solennelle épreuve.

Erreur, ou plutôt illusion qui, comme tant d'autres, allait encore s'évanouir !

Le 6 février 1863, une lettre de l'Empereur au gouverneur général annonçait qu'il était impossible d'admettre qu'il y eût utilité à cantonner les Arabes, c'est-à-dire à prendre une certaine portion de leurs terres pour accroître la part de la colonisation, et qu'en conséquence le projet de cantonnement soumis au Conseil d'Etat avait été retiré.   .

« L'Algérie, ajoutait l'Empereur, n'est pas une colonie proprement dite, mais un « royaume arabe. Les indigènes ont, comme les colons, un droit égal à ma protection, et « je suis aussi bien l'Empereur des Arabes que l'Empereur des Français.

« Ces idées sont les vôtres : elles sont aussi celles du ministre de la guerre et de tous « ceux qui, après avoir combattu dans ce pays, allient à une pleine confiance dans son « avenir une vive sympathie pour les Arabes. J'ai chargé le maréchal Randon de préparer « un projet de sénatus-consulte, dont l'article principal sera de *rendre les tribus ou frac-* « *tions de tribus propriétaires incommutables des territoires qu'elles occupent à demeure* « *fixe et dont elles ont la jouissance traditionnelle, à quelque titre que ce soit.* »

Et le 22 avril suivant, ce grand acte de gracieuse générosité était consommé. Les ordres de l'Empereur étaient exécutés; le Sénat avait discuté, délibéré, voté, et tout était dit sur cette affaire du cantonnement à laquelle s'étaient attachés en vain tant d'esprits fourvoyés et d'espérances trompeuses.

Grâce à Dieu, pourtant, le sénatus-consulte, en consolidant au profit des tribus les droits de jouissance auxquels elles pouvaient prétendre sur leurs territoires, n'a pas entendu immobiliser les Arabes dans une éternelle indivision; car il dispose, art. 2, que « il sera procédé administrativement et dans le plus bref délai :

1° A la délimitation des territoires des tribus ;

2° A leur répartition entre les différents douars (1) de chaque tribu du Tell et des autres pays de culture, sous la réserve des terres qui devront conserver le caractère de biens communaux ;

3° A l'établissement de la propriété individuelle entre les membres de ces douars, *partout où cette mesure sera reconnue possible et opportune.* »

Si cela se pouvait faire et se faisait effectivement dans un bref délai, de manière que les territoires des tribus, divisés et répartis, en propriétés privées, entre les mains des divers indigènes, ne fussent plus des lieux sacrés interdits à nos colons, et que la propriété devenue individuelle et cessible s'y pût vendre et acquérir à volonté, — oh ! alors peut-être n'y aurait-il que bien peu à regretter à la libéralité de l'art. 1er, si excessive qu'elle puisse paraître !

Il est probable que la colonisation, avec son énergie accoutumée, quoique avec un peu plus de lenteur, n'en continuerait pas moins sa marche ascendante et progressive, et que le travail de décomposition et de désagrégation de la tribu, si intimement lié à l'œuvre de la pacification générale et définitive, ne s'en acheminerait pas moins résolûment à son terme.

---

(1) Le douar est une fraction élémentaire de la tribu et se compose d'un certain nombre de tentes réunies sous un chef appelé cheick. Les 1,200 tribus du Tell comprennent environ 10,000 douars.

Au lieu de recevoir ou d'acquérir la terre de l'État, les colons l'acquerraient, à prix débattu, de l'indigène lui-même ; ils ne seraient que plus intéressés, la payant plus cher, à se l'approprier par des constructions et des cultures qui pussent leur rendre une prompte et large rémunération du prix qu'elle leur aurait coûté, et la trouée qu'ils feraient dans la tribu continuerait toujours plus ou moins, quoi qu'on en eût, à en rompre l'unité et la force ; mais n'est-il pas à craindre que ces opérations de délimitation, de répartition et d'établissement de la propriété individuelle ne tardent longtemps, bien longtemps à s'effectuer ?

Il sera procédé à l'établissement de la propriété individuelle *partout où cette mesure sera reconnue possible et opportune*, est-il dit... Possible et opportune !... Ce sont là des mots qui ont une telle élasticité, qu'ils ont un sens pour ceux-ci et qu'ils en ont un tout autre pour ceux-là. Et, cela étant, que répondre à ceux qui croiraient avoir les raisons les plus plausibles et les meilleures du monde pour déclarer la mesure indéfiniment impossible et inopportune ?

L'administration militaire (et ce n'est pas une critique que je lui adresse, c'est un fait de sa nature que je constate !) se trouve plus à l'aise avec les Arabes qu'avec les Européens : les Arabes, dans les conditions actuelles, obéissent au commandement ; les Européens se soumettent de préférence à l'autorité de la loi ; et le jour où les Européens seront entrés dans la tribu et y seront à demeure, ce qui ne peut arriver que quand la propriété y aura été partagée et y sera individualisée, le commandement, qui aura à compter avec eux, n'en sera-t-il pas quelque peu embarrassé ? L'exemple de leurs habitudes et de leurs susceptibilités ne sera-t-il pas contagieux pour les Arabes ? Et que n'aurait-on pas à en redouter pour la discipline, ce lien des armées et cette force des forces, qu'on ne doit laisser ni relâcher, ni amoindrir, ni discuter ? Que de motifs pour ne point se hâter de réaliser une transformation qui soulève de telles questions et de telles perplexités !

L'intérêt du commandement ! Telle est la préoccupation constante de l'état-major de notre armée d'Afrique, préoccupation honorable sans doute, mais excessive et qui doit être comptée en première ligne parmi les causes du sénatus-consulte demandé au Sénat sur cette importante matière de la propriété du territoire des tribus.

Après la suppression du ministère civil,— la suppression de la question du cantonnement, c'est-à-dire, la porte du territoire des tribus fermée aux convoitises et aux mauvais exemples de la colonisation, jusqu'à ce qu'il soit jugé possible et opportun de faire autrement !

Mais ce n'est pas assez encore : le décret du 24 novembre 1860 a maintenu les préfets dans les attributions que leur avait faites le ministère civil, de sorte qu'ils ont gardé et qu'ils exercent, à côté des généraux commandant les divisions, un pouvoir propre et indépendant à certains égards. On ne peut guère les accuser d'en abuser ; mais cette dualité dans l'administration générale, ne fût-elle que de forme et d'apparat, ne laisse pas d'être choquante ; elle pourrait être un jour prise au sérieux. Dans l'intérêt du commandement, il est plus prudent qu'elle disparaisse, et elle disparaîtra.

C'est le train des choses humaines : avec le temps, le gouvernement civil, si on l'eût laissé faire, aurait peut-être, lui aussi, songé à retirer aux chefs de l'armée les pouvoirs administratifs qui, dans le premier moment, leur avaient été laissés ; à son tour, le gouvernement militaire ne se sentira satisfait que lorsqu'il aura repris la suprême autorité en tout et la prééminence la moins sujette à contestation sur les fonctionnaires de tous les rangs et de tous les ordres.

Simplifier et unifier le commandement, voilà le but où il faut tendre et où il faut arriver !

Écoutez ce qu'en pense et ce qu'en dit très-haut devant le Sénat, dans le cours de la discussion du sénatus-consulte, un honorable et éloquent général qui a été directeur des affaires de l'Algérie au ministère de la guerre.

« Cette situation (le partage des pouvoirs entre les généraux et les préfets) a été
« de tout temps une source de conflits, de lenteurs et de paralysie des agents secon-
« daires...
« Aussi, n'hésitai-je pas à dire qu'il y aurait tout avantage à rappeler sur le continent
« les trois préfets de l'Algérie, et à mettre les fonctionnaires qui relèvent d'eux sous les
« ordres des généraux commandant les divisions. »

Il a été expliqué un peu plus tard à la grave Assemblée que cela voulait dire seulement que le sénatus-consulte devrait être exécuté, même en territoire civil, par les généraux commandant les territoires militaires. Mais le germe était en terre; la saison venue, on était bien sûr qu'il en sortirait à point, qu'il se développerait et qu'il finirait par fructifier. Il n'est que de savoir attendre !

Si le maréchal duc de Malakoff était d'un sentiment contraire; si les intérêts, les besoins et même les préjugés des colons lui paraissaient mériter quelques ménagements et ne pouvoir être sacrifiés aussi complétement à l'honneur de la discipline, pourquoi s'en mettre en peine? L'opinion dominante autour de lui le constituait en tort; elle était conduite et dirigée avec une habileté qui saurait bien l'en convaincre et le faire revenir de son erreur. Enfin, la logique n'est-elle pas la logique et n'a-t-elle pas de telles raisons à son service que, si récalcitrant qu'on soit, on est bien obligé, un peu plus tôt, un peu plus tard, de subir sa volonté ?

On en était donc là au printemps de cette année, quand se manifestèrent les premiers symptômes des troubles qui sont devenus la désolante guerre de ce moment même.

Le brave et glorieux maréchal n'a pas eu la douleur d'en être témoin : avant que la paix fût sérieusement mise en péril, et après quelques jours d'une maladie dont on ne soupçonnait pas la gravité, il se faisait revêtir des insignes de sa haute dignité et, suivant l'expression de l'ordre du jour publié à cette occasion, il rendait à Dieu sa belle âme. Cette mort inattendue fut un deuil pour l'armée; — et les colons, qu'elle laissait sans défense contre les prétentions de l'esprit nouveau, s'en affligèrent profondément. Il n'avait pas prêté à la colonisation cette assistance puissante et féconde qu'elle avait espérée de sa forte intelligence et de son grand cœur; il n'avait ouvert à son activité ni voies nouvelles ni horizons nouveaux, et il ne l'avait délivrée ni des entraves ni des préventions qui font obstacle à son progrès; mais on était convaincu que tout le bien qu'il lui avait été possible de faire, il l'avait fait volontiers, avec le regret de ne pouvoir faire mieux et davantage, et on lui était reconnaissant de sa bienveillance et de son bon vouloir.

Le pouvoir tombé de ses mains en celles de son principal lieutenant, une circulaire officielle fit connaître à l'Algérie les règles de conduite que le nouveau gouvernement se proposait de suivre et lui fut un avertissement que le moment d'unifier le commandement était arrivé. « L'autorité tout entière, disait-elle, appartient au gouvernement général : qu'on ne l'oublie pas ! »

La fatalité aussi s'en mêlait. La révolte, qui avait éclaté, tout à coup et sans cause exactement appréciable, sur un point du sud de la province d'Oran, révolte que l'on avait crue toute locale et accidentelle, prenait une fâcheuse extension et venait en aide à ceux qu'irritait le partage apparent des pouvoirs entre les préfets et les généraux, et à qui il ne fallait qu'un prétexte pour en avoir raison et le faire cesser.

Contre l'ennemi en armes, le pouvoir, pour être fort, doit être concentré et un : c'est une maxime bien vieille ; mais elle est acceptée de tous et ne comporte ni objection ni hésitation.

Aussi, l'Empereur ne pouvait-il, dans ces circonstances, se refuser à sanctionner de sa signature le décret qui lui était présenté le 7 juillet dernier, et par lequel : — la direction générale des affaires civiles en Algérie est supprimée et sont institués des généraux commandant les provinces, qui sont chargés — sous l'autorité du gouverneur général — de la haute direction et du contrôle des services civils de chacune d'elles, — de l'exécution des instructions du gouverneur général, en tout ce qui touche à la colonisation ou aux affaires arabes, — des mesures d'ordre et de sécurité publique dans toutes les circonstances urgentes et imprévues, — des propositions d'avancement ou de révocation des fonctionnaires ou agents civils, — de la police spéciale de la presse, avec le pouvoir d'accorder et de révoquer les autorisations de publier des journaux, de donner des avertissements, de prononcer la suspension temporaire et de provoquer des poursuites judiciaires.

Dans cet ordre d'idées, il est clair que rien n'empêchait que, comme on en avait exprimé le vœu devant le Sénat, les préfets ne fussent rappelés sur le continent. Mais non : les préfets sont conservés à la tête de l'administration des territoires civils ; seulement ils y sont étroitement subordonnés à l'autorité des généraux commandant les provinces, dont ils reçoivent et exécutent les instructions, et dans un tel état d'infériorité légale, qu'ils deviennent des préfets d'une nature toute nouvelle, sans inconvénient d'aucune sorte et ne pouvant porter ombrage à l'amour-propre ou à l'ambition de personne.

Voilà comme de proche en proche et de degré en degré le gouvernement militaire, aidé par les circonstances et s'aidant lui-même de son mieux, a enfin réussi à recomposer et à ressaisir ses prérogatives originaires et sa pleine autorité sur notre France algérienne.

Ceux qui savent comment les faits s'engendrent les uns les autres, et par quel lien mystérieux les effets se rattachent aux causes, ne sauraient guère s'en étonner. Mais en Algérie on a trop affaire pour y regarder de si près, et ce dernier décret y a eu tout l'imprévu d'un coup de foudre. Les termes du rapport qui l'accompagne y ont surtout ému les esprits. On ne s'y expliquait pas qu'on ait pu dire à l'Empereur : « Ce n'est pas seulement le fana-« tisme qui a soulevé les indigènes ; c'est aussi l'espoir insensé de surprendre la vigilance « d'une autorité qu'ils ont crue désarmée, parce qu'ils la voyaient divisée dans son action ; « ce sont les clameurs imprudentes d'une presse passionnée qui, en inquiétant l'opinion « publique, ont fait craindre aux indigènes un avenir plein de rigueur pour leurs personnes « et de périls pour leurs intérêts ; » on s'y demandait avec anxiété comment les préfets, placés comme les généraux sous l'autorité du gouverneur général, et qu'on avait vus toujours plus déférents qu'on ne l'aurait voulu pour les chefs de l'armée auprès desquels ils exerçaient leurs fonctions, avaient pu devenir une occasion d'embarras et une pierre d'achoppement pour l'action légitime du gouvernement ; comment les journaux, en lisières, sous la main d'une administration sans cesse en éveil et d'une rigueur qu'on était parfois tenté de trouver excessive, avaient pu monter au cerveau des Arabes, qui ont tant de bonnes raisons de ne les pas lire, et leur souffler au cœur le sentiment de la rébellion ; et, sous l'impression de ces réflexions diverses et des inquiétudes de toute sorte qu'elles répandaient partout, on ne s'abordait plus qu'en se disant les uns aux autres, en manière de consolation : « On fait illusion à l'Empereur ! »

Autrefois on disait : « Si le roi le savait ! »

Le roi, en venant prendre possession du trône, après vingt-cinq ans d'exil, traînait à sa suite et ramenait avec lui en France des compagnons d'infortune, nombreux et irrités, à qui ces vingt-cinq ans de notre vie nouvelle n'avaient pu rien apprendre et qui n'avaient rien oublié de leur vie ancienne. C'étaient ceux qui dans les mauvais jours lui avaient été fidèles, qui avaient souffert avec lui et plus que lui, et il leur devait des égards ; et, encore qu'il fût plus éclairé qu'eux et qu'il comprît très-bien ce qu'exigeait de lui la société qu'il était appelé à gouverner, il y avait dans le principe même qu'il représentait et dans les passions qui s'agitaient autour de lui une influence secrète plus forte que sa propre volonté ; et, malgré lui, sachant à merveille qu'il mécontentait l'opinion, il se laissait surprendre à regarder en arrière et tâchait avec eux de remonter le courant.

A Dieu ne plaise que je veuille comparer les temps, les situations ou les personnages !

Notre armée a toujours vécu de la vie de la France et suivi avec elle le mouvement de ses transformations successives ; elle a porté dans tout le monde son esprit, dont elle n'a pas cessé d'être pénétrée ; mais je ne serai contredit par personne, quand je dirai que la part qu'elle a prise aux grands événements contemporains lui a créé et lui assure sur nos destinées une prépondérance qu'elle avait perdue depuis longtemps. Ses chefs ont en eux-mêmes et dans le principe dont ils sont l'expression une confiance illimitée et absolue : ils croient, contre toutes les données de l'histoire et contre tous les calculs du raisonnement, que la force des armes peut suffire à tout, qu'eux seuls sont capables non-seulement de maintenir l'Algérie en paix, mais aussi de la coloniser ; et cela, par la seule raison qu'ils l'ont conquise ; et la foi qu'ils ont en ce qui leur paraît être leur droit de la gouverner, ils ont fini et ils devaient finir par l'inspirer et la faire partager au chef de l'État lui-même.

C'était l'aboutissement forcé d'efforts persévérants dirigés vers ce but ; et aujourd'hui le gouvernement militaire est maître de l'Algérie : il la possède, et il serait aussi puéril qu'intempestif de chercher à lui disputer un pouvoir qu'une sorte de nécessité lui a donné et que désormais il gardera envers et contre tous, il faut qu'on se le tienne pour dit et qu'on ne l'oublie pas.

A la bonne heure ! Les colons s'y résigneront et n'en feront que redoubler d'activité, d'industrie et de courage : il y va de leur honneur autant que de leurs intérêts. Mais la colonisation, supposé qu'elle puisse recevoir du gouvernement militaire l'impulsion la plus énergique et la plus efficace, il n'est pas contestable qu'elle n'a de chance de prospérer qu'autant qu'elle sera soutenue par les sympathies et par les secours de la France ; et la France ne veut pas croire que les intérêts civils soient suffisamment garantis et protégés par le gouvernement militaire. Là est la cause de l'indifférence qu'elle a jusqu'à présent montrée pour cette pauvre Algérie, et non ailleurs. La France, après trente-quatre ans, ne sait pas encore au juste ce qu'est l'Algérie et quel parti il peut en être tiré. Il s'y fait un bruit d'armes qui l'en éloigne et qui l'empêche d'entendre ce qu'on lui a raconté cent fois de son climat, de la richesse de ses terres, de la variété de ses ressources et des biens multipliés qui sont là, pour ainsi dire, sous sa main, la sollicitant, et qu'il lui serait si facile de s'approprier. Il faudrait qu'on le lui dît et qu'on le lui redît encore et toujours, mais avec assez d'autorité et d'assez haut pour qu'elle fût obligée d'écouter et de comprendre. La presse, soumise à toutes les restrictions qui la garrottent, sous la crainte des avertissements et de la suspension dont sont armés contre elle les généraux commandant les provinces, est hors d'état de le faire utilement. Je ne vois, pour ma part, que des députés au Corps législatif qui pourraient remplir une mission de cette importance.

Dans un excellent discours prononcé au Sénat le 13 avril de l'année dernière, M. Ferdinand Barrot abondait par anticipation dans mon sentiment à ce sujet, quand il disait : « Ce qui a manqué aux intérêts algériens, c'est d'avoir pu trop rarement se produire « directement et, pour ainsi dire, constitutionnellement dans les délibérations des grands « corps de l'État. » L'honorable sénateur aurait pu ajouter, comme tout à l'heure les faits le démontreront, que si le discrédit que l'on fait peser sur l'Algérie s'est temporairement atténué, et si son commerce s'est développé au point que, de cent millions, chiffre maximum de 1847, exportations et importations réunies, il a atteint et dépassé en 1861, — quoique, de la première à la seconde époque, l'effectif de l'armée fût descendu de cent mille hommes à soixante ou soixante-cinq mille, — le chiffre relativement énorme de 237 millions ; sur quoi 137 millions d'importations de France en Algérie, au lieu de 73 millions, et 63 millions d'exportations d'Algérie en France, au lieu de 4,170,000 francs, la cause première et déterminante de cet heureux accroissement d'échanges entre les deux pays doit être cherchée et se rencontre dans cette circonstance que de 1848 à la fin de 1851 l'Algérie a eu, dans les assemblées délibérantes de la France, des représentants directs et de son choix, que n'ont rebutés ni les préjugés, ni l'opposition ouverte ou détournée des intérêts contraires, ni les fins de non-recevoir les plus habilement imaginées, et qui, à force de patience et d'insistance, sont parvenus à faire admettre la nécessité d'une amélioration de sa législation économique.

Le gouvernement militaire, soit! A lui l'honneur du commandement, la prédominance et tous les priviléges qui en découlent, soit! Si on ne sait pas d'autre moyen d'assurer la paix et la sécurité, et si la paix et la sécurité doivent être désormais partout assurées à ce prix, soit! soit! La colonisation, tout à l'étroit qu'elle est dans les territoires qui lui sont laissés en dehors du domaine réservé des tribus, y trouvant son compte, ne marchandera pas ses louanges à qui la gratifiera définitivement d'un tel bien, le premier de tous. Mais là encore, parmi ces espaces restreints, il reste des défrichements à faire, des canaux d'irrigation à creuser, des forêts et des mines à aménager et à exploiter, des industries nouvelles à créer, à organiser, à faire prospérer; et il y faut des bras et des capitaux, que des appréhensions instinctives de toute sorte, fondées et non fondées, empêchent de venir d'eux-mêmes se mettre à la disposition de ces œuvres diverses, et qu'il est besoin d'y amener non pas seulement par l'attrait des bénéfices qu'en pourront retirer ceux qui les réaliseront, mais aussi par la certitude de garanties morales auxquelles on tient, à tort ou à raison, avant tout et par-dessus tout.

C'est une grande cause à plaider et à gagner devant le pays tout entier, à qui, en échange des forces qu'il pourrait se laisser persuader de prêter à l'Algérie pour accroître et multiplier sa production agricole et industrielle, l'Algérie offrirait, pour les produits de ses industries à lui, des débouchés et un marché proportionnellement plus ouverts, plus riches et plus avantageux.

La France y est donc intéressée autant et plus encore que l'Algérie, et c'est pourquoi je demande à la France de permettre aux colons de lui envoyer trois députés, un par chaque province, qui puissent lui exposer librement leurs doléances et leurs besoins, et chercher avec elle les meilleurs moyens d'utiliser au profit de tous les richesses de ce vaste empire transméditerranéen, qui doit nous être d'autant plus précieux qu'à cette heure on ne peut évaluer à moins de trois milliards le prix qu'il nous a coûté, et que chaque année il continue à lever sur notre budget une véritable contribution de guerre d'une notable importance.

Avec le gouvernement de l'Algérie centralisé et concentré à Alger et le silence à peu près absolu gardé, si l'on ne veut pas que je dise imposé, sur la plupart des questions algériennes, quel progrès est possible? Aucun, aucun. La colonisation, stérilement agissante, ne fera que languir et s'éternisera dans sa langueur; le gouvernement lui-même, en l'absence de tout contrôle actif et légalement admissible, s'endormira dans sa force, et la France, prévenue et défiante, détournera de plus en plus ses regards d'un pays qui lui est inconnu et où ses intérêts lui semblent, au milieu des ténèbres, toujours exposés aux dangers des insurrections et aux avanies de l'arbitraire.

Que l'Algérie ait, au contraire, des députés au Corps législatif; c'est la lumière se faisant sur les choses et sur les personnes; c'est le pouvoir surveillé dans tous ses actes, averti des écarts dans lesquels il peut se laisser glisser, encouragé dans tout ce qu'il conçoit ou fait de bien, et, sous le stimulant du blâme à éviter et de l'éloge à mériter, obligé de se consacrer avec ardeur et vigilance à l'accomplissement de ses devoirs; ce sont les efforts de la colonisation, ses ressources, ses espérances et ses difficultés contradictoirement racontés, discutés et appréciés ; la France éclairée sur ses mérites et sur ses misères, lui accordant ou lui refusant, en connaissance de cause, la protection et l'assistance réclamées en son nom ; ce sont les plaintes exagérées, les incriminations irréfléchies, les prétentions non justifiées, percées à jour, confondues et réduites à néant ; ce sont, en un mot, tous les intérêts, publics et privés, défendus, ménagés et servis, suivant les exigences du droit et de la raison.

Oui, c'est tout cela, certainement, manifestement ! Et de tout cela l'on ne tient compte ; et, aux pessimistes obstinés qui, comme moi, montés à la critique, trouvent mauvais qu'il n'y ait pas de députés algériens au Corps législatif et veulent que l'Algérie puisse parler à la France face à face, et lui prouver que sans son appui elle ne peut rien, qu'avec son appui elle peut ou pourra tout pour le bien commun, on répond sans hésiter :

« Le premier élément d'une représentation sincère, c'est que les représentants repré-
« sentent une population sérieuse et compacte. Or, il n'y a en Algérie que 112,229 Français,
« qui donneraient seulement 30,000 électeurs. Est-ce là une base suffisante et qui puisse
« être acceptée, alors que la loi électorale exige 35,000 électeurs pour la nomination d'un
« député au Corps législatif ? Et déroger à ce principe en faveur de l'Algérie, ne serait-
« ce pas créer dans le parlement une irrégularité choquante, contre laquelle tous les dépu-
« tés, qui représentent chacun une population de 35,000 électeurs, auraient le droit de
« protester ? (1) »

Et c'est sur un aussi grave motif, aussi gravement allégué, que l'on refuse à l'Algérie l'honneur d'être au Corps législatif, et par suite à la France le droit de s'éclairer sur les affaires de l'Algérie, qui sont pourtant bien un peu les siennes !

Que peut donc valoir un tel argument ?

Sous le gouvernement de juillet, la loi électorale voulait que nul ne fût éligible si, au jour de son élection, il ne payait cinq cents francs de contributions directes ; mais à cette époque le nombre des imposés à 500 fr. était fort limité dans certaines parties de la France, et la charte, y ayant égard, avait eu la précaution de disposer que, s'il ne se trouvait pas dans un département cinquante personnes payant le cens d'éligibilité qui serait déterminé par la loi, ce nombre serait complété par les plus imposés en-dessous de ce cens, et que ceux-ci pourraient être élus concurremment avec les premiers.

C'était une faveur très-légitime accordée aux départements pauvres par respect pour le droit reconnu à tous indistinctement de choisir leurs représentants dans un nombre de candidats ou d'éligibles qui ne fût pas dérisoire.

Et, en 1839, la Corse, qui était un de ces départements, pour compléter sa liste de cinquante éligibles, avait dû y inscrire des électeurs dont la cote de contributions était de beaucoup inférieure à ce chiffre de 500 fr. Sur cette liste brillait le nom d'un personnage (2) qui, depuis, a tenu une grande place parmi les dignitaires de l'Empire, et qui, bien qu'il ne payât que 426 fr. 64 c. de contributions, avait été élu député, non en Corse, mais dans un des colléges électoraux du département du Loiret, où le nombre d'éligibles taxés à 500 fr. dépassait cinquante. L'élection fut attaquée ; et un habile légiste, dévoué aux ministres de ce temps-là, interprétant la loi et la discutant avec le scrupule et la subtilité qu'il aurait pu apporter à la discussion de la question d'hypothèque la plus vulgaire, se complut à établir *ex professo* qu'un éligible de la Corse à cens réduit n'était pas digne de prendre rang, dans le Loiret, parmi des éligibles à cens entier ; que son admission comme député au milieu d'autres députés du même département et des départements

---

(1) Corps législatif, séance du 23 janvier 1864, discours du général Allard, président de section au Conseil d'État.

(2) M. Abbatucci, alors président de chambre à la Cour royale d'Orléans.

voisins, payant les uns et les autres 580 fr. ou plus de 500 fr. de contributions, ne serait pas moins contraire à la dignité de la chambre qu'à celle de la loi, et que, partant, l'élection devait être déclarée nulle et non avenue.

Mais quelques mots pleins de hauteur de M. Berryer eurent bientôt fait justice de ces arguties et suffirent pour porter dans tous les esprits la conviction que chaque département avait le droit d'élection et aussi le droit de présentation à l'élection générale; et l'élu d'Orléans fut admis tout d'une voix.

Le même député siégeait à la Chambre depuis 1830; il y avait été envoyé jusque-là par la Corse, et, la première fois, par une élection à laquelle trente électeurs avaient pris part, et avec vingt suffrages seulement (1). Et il n'en avait pas moins été député au même titre et avec les mêmes pouvoirs que tous ses collègues, élus ceux-ci par 200 voix, ceux-là par 400, ces autres par 1,000 ou 2,000, et sans qu'on se soit jamais avisé de signaler là une inégalité choquante.

Et il n'en a pas été autrement après la validation de son élection à Orléans! Depuis 1839 comme avant, les députés à 500 fr. de contributions ne se sont pas crus autorisés à le considérer comme étant moins député qu'eux-mêmes, et il a rempli son devoir avec eux et comme eux, sans dommage et sans humiliation soit pour les autres, soit pour lui-même.

Pourquoi donc ne se pourrait-il pas qu'on fît pour l'Algérie, en ce qui touche le nombre des électeurs, ce qu'on a fait en un autre temps pour la Corse, et en ce qui touche le nombre des électeurs et en ce qui touche le cens d'éligibilité?

Pourquoi des électeurs et pourquoi des députés, si ce n'est pour que les intérêts soient représentés de même que les personnes, et pour que les intérêts aussi bien que les personnes puissent demander au législateur et obtenir de lui la force nécessaire à leur conservation et à leur développement?

La première, la grande Constituante avait érigé en principe que le tiers du nombre total des représentants à l'Assemblée nationale serait attaché au territoire, et accordait à chaque département trois représentants de cette classe; la part faite à la population n'était que d'un autre tiers de ce nombre.

L'acte additionnel aux constitutions de l'Empire avait confondu les deux éléments et décidait que « les colléges électoraux d'arrondissement nommeraient, *quelle que fût leur population*, un député par arrondissement. »

Je sais que la constitution de 1848 et que la constitution de 1852 n'ont point adopté cette donnée, et qu'elles déclarent l'une et l'autre « que l'élection aura pour base la population; » je sais que la même règle a prévalu aux États-Unis, et que l'on tient généralement que le principe démocratique n'admet pas que l'étendue du territoire soit à considérer; que l'on prétend au contraire que, dans les sociétés soumises à ce principe, les hommes sont tout, et que l'importance d'une circonscription politique quelconque est en raison directe du nombre d'hommes qu'elle renferme; mais, sans examiner si cette sorte d'axiome repose sur des raisons parfaitement solides, ce ne sera pas être trop osé peut-être que de dire que l'absolu poussé à outrance mène aux conséquences les plus imprévues et les plus déraisonnables. Je dois faire remarquer en second lieu que la Constituante de 1848, tout en consacrant le principe dans ses termes sacramentels, a jugé qu'il ne pouvait pas être appliqué à l'Algérie et que, par la loi électorale du 15 mars 1849, abstraction faite du chiffre de sa population, elle lui a concédé le droit de nommer trois représentants.

Ai-je besoin de répéter aussi que la population de l'Algérie ne se compose pas seulement de 112,229 Français; qu'elle se compose, en outre, de 2,760,844 indigènes des tribus et des villes, et de 80,547 étrangers de toutes nations, associés tous, indigènes et

____
(1) Rapport de M. Ducos sur l'élection de M. Abbatucci à Orléans.

étrangers, à notre bonne et à notre mauvaise fortune, travaillant, payant l'impôt et attendant qu'une loi spéciale détermine des conditions mieux étudiées et plus facilement réalisables de naturalisation, qui leur permettent de se fondre à toujours et avec des droits égaux dans la masse de nos colons français? Et me faut-il ajouter que c'est là une situation tout exceptionnelle et dont il est impossible de ne pas faire compte?

Aux États-Unis, dans ce pays démocratique par excellence, où le territoire est tenu pour si peu, en matière de droit électoral, si ce n'est pourtant pour le nombre des membres du Sénat, puisque chaque État nomme également deux sénateurs, on trouve mêlés à la population américaine une multitude d'étrangers, et dans les États du Sud une espèce de bétail humain, noir et jaune, qui se chiffre par plusieurs millions de têtes, aujourd'hui encore et depuis quatre ans l'enjeu de la guerre intestine la plus effroyable. Eh bien! quoique la représentation ait pour base aux États-Unis la population, ou plutôt, parce qu'il en est ainsi, quand il s'agit de fixer le nombre de représentants à nommer par un État, les étrangers et les esclaves sont compris dans les tableaux de recensement de la population générale pour les trois cinquièmes de leur nombre. Ils ne votent pas, bien entendu! mais ils sont l'expression d'intérêts qui méritent d'être pris en considération, et ils sont représentés au parlement dans cette proportion des trois cinquièmes par les élus de la population américaine de l'État auquel ils appartiennent.

Est-ce que ce n'est pas justice?

Et alors n'est-il pas juste et plus nécessaire encore que les intérêts de tant d'indigènes et de tant d'étrangers vivant en Algérie de la même vie que nos colons aient aussi leur représentation dans le Corps législatif de la France, et que nos colons élisent pour ces indigènes et pour ces étrangers en même temps que pour eux-mêmes des députés qui y représentent à la fois les uns et les autres?

Qu'importe, après cela, qu'ils ne soient que trente mille électeurs et que, dans chacune des trois provinces, dix mille au plus puissent concourir à l'élection d'un député? Pour peu qu'on veuille ne pas perdre de vue que ces dix mille électeurs ont derrière eux, en indigènes et en étrangers, environ un million d'âmes avec lesquelles ils sont en communauté constante de besoins, de travaux et de tendances, et dont ils sont les mandataires et les interprètes obligés, est-ce qu'on n'est pas forcé de reconnaître que les votes de ces dix mille électeurs doivent être admis comme pesant d'un poids qu'il n'est ni possible ni raisonnable de dédaigner?

D'ailleurs, au-dessus de ces considérations dont l'importance et la gravité peuvent être controversées et diversement appréciées, il en est une qui se présente tout d'abord à l'esprit, d'une importance et d'une gravité incontestables, et qui tranche, elle, toute difficulté et tout débat: c'est que là-bas, au delà de la Méditerranée, sur cet immense territoire qui s'appelle l'Algérie, il n'y a pas que l'intérêt de 112,229 colons français et celui de 2,841,358 indigènes musulmans ou juifs et étrangers qui soit en cause; il y a aussi, il y a surtout, l'intérêt de la France elle-même, dont la France a le droit et le devoir de se préoccuper, et qui vaut bien, je crois, la peine que trois députés viennent lui rendre compte de ce qui s'y fait et de ce qui ne s'y fait pas.

Et si par hasard la loi commune ne s'y prête pas ou s'y oppose, quel inconvénient y aurait-il donc à demander à une loi nouvelle ou à un sénatus-consulte d'y pourvoir et de réglementer exceptionnellement le droit d'élection de députés pour l'Algérie?

A cela on répond encore :

« En 1849, avec la loi du 15 mars, des élections ont eu lieu : un des représentants a « eu 7,567 voix; un autre 7,285 voix, et le troisième 3,332 voix (1). »

____

(1. Discours du général Allard au Corps législatif.

On ajoute qu'on pourrait les nommer ; mais bien vite on écarte ces souvenirs pénibles de 1849, et on laisse tomber de ses lèvres, dédaigneusement et d'un air de pitié, cette triomphante sentence ;

« Ce n'est pas là une représentation sérieuse (1) ! »

Et moi, je réplique : Au contraire, sérieuse, très-sérieuse ; et vous allez le voir !

Mais pourquoi dire que vous pouvez nommer ces trois représentants, non sérieux, selon vous, et ne le pas faire ? Est-ce que leurs noms ne se pourraient prononcer tout haut, en public, honnêtement ou sans danger ? Une telle réponse, qui semble couvrir une arrière-pensée que je ne pénètre pas, me désoblige, moi ; et, comme je ne suis pas tenu de l'imiter, tant pis pour eux ! je les nomme en toutes lettres :

MM. Émile Barrault.	7,567 voix.
Henry Didier, le très-humble auteur de ce récit.	7,285
De Rancé.	3,332

Et il y avait dans l'Assemblée législative, où ils avaient été envoyés par ce misérable nombre de suffrages, des représentants qui y avaient été nommés par cent mille voix ; et jamais, que je sache, aucun ne s'y est montré choqué de cette inégalité si naturelle et si naturellement explicable, et ne les y a regardés du haut de sa supériorité d'élu par un nombre dix fois plus grand de suffrages.

Est-ce qu'il vous déplairait que l'Algérie se rappelât un jour qu'ils ont été ses serviteurs dévoués, et songeât, l'occasion venue, à leur renouveler un mandat qu'ils ont tâché de remplir à son avantage autant qu'il leur a été possible de le faire ?

Rassurez-vous : on n'a pas en Algérie la mémoire aussi longue que cela ! Dans quelques jours, il y aura treize ans que le lien qui les rattachait à ce pays de leur prédilection est brisé, et il en est des hommes comme des flots : celui qui vient après pousse celui qui est devant, et, à force de le pousser, arrive toujours et bientôt à s'élever au-dessus de lui et à l'effacer à tous les regards.

M. de Rancé, à qui il a paru convenable et il a été possible, au lendemain du 2 décembre 1851, de rechercher et d'accepter de hautes fonctions administratives, délicates et passagères, est ensuite descendu dans l'ombre de la retraite où il médite, je suppose, sur la fragilité des grandeurs humaines, et, en s'oubliant lui-même, se laisse volontiers oublier des autres.

M. Émile Barrault, le grand orateur de la salle Taitbout, le reclus de Ménilmontant, le pèlerin rêveur aux contrées aimées du soleil, je ne saurais dire s'il est encore bien vivement épris de progrès social ; mais il est resté à mes yeux une figure remarquable à beaucoup d'égards et digne, par sa bonté et son honnêteté, d'une particulière estime. Lié à une doctrine qui a mené presque tous ses adeptes à toutes les fortunes, qui les a aidés à se faire riches à millions et à acquérir tous les honneurs de la politique, au Sénat, au Conseil d'État, au Corps législatif, il semble, lui, avoir appliqué, de parti pris, toutes les richesses de son imagination et de son talent à ne pas sortir de la pauvreté : originalité rare et singulière qui lui fait une place à part dans cette pléiade d'esprits alertes et si merveilleusement doués ; et il ne m'étonnerait guère qu'il voulût y joindre cette autre originalité de n'être plus rien désormais en ce monde, qu'un spectateur attristé et désintéressé de l'agitation énigmatique du temps présent.

Quant à moi, je dois à l'Algérie le plus grand honneur de ma vie ; je n'avais d'autre

<hr>

(1) Discours du général Allard au Corps législatif.

titre à sa confiance que d'avoir rempli scrupuleusement, pendant quatre ans, à son service, les sévères devoirs du ministère public, sous une monarchie que venait d'emporter une révolution, et elle m'a élu le premier de ses représentants à la Constituante, et elle m'a envoyé ensuite, à la grande majorité de ses suffrages, à la Législative; je lui en garde une profonde reconnaissance, et je m'efforce, en ce moment même, de lui en donner une preuve; mais je ne lui demande rien, et je ne veux rien lui demander.

Depuis treize ans, la population de l'Algérie s'est accrue, non autant qu'on devait l'espérer, mais dans une assez large proportion pour que des hommes nouveaux, sortis des entrailles mêmes de la colonisation, ayant souffert avec elle, sentant et pensant comme elle, intelligents, éclairés, généreux, se soient élevés dans l'estime et l'affection de tous. Eh bien! quand l'Algérie aura recouvré le droit de choisir des députés, leur tour sera venu : c'est à ceux-là, et non à d'autres, qu'elle devra remettre la haute et difficile mission de la représenter et de lui ramener les sympathies de la France. Ils ne nous trouveront pas sur leur chemin pour leur faire obstacle; s'ils font mieux que nous, nos applaudissements ne leur feront pas défaut, et, ils peuvent en être assurés, nous n'y aurons pas moins de joie que l'Algérie elle-même.

Et maintenant, est-il vrai que nous n'ayons été que des représentants sans conséquence; que notre présence dans l'Assemblée législative y ait offusqué, en pure perte, l'orgueil de nos honorables collègues et y soit restée sans utilité pour l'Algérie? Et doit-on admettre qu'il n'y ait aucun intérêt et aucune convenance à ce que l'Algérie élise des députés au Corps législatif?

Pour résoudre l'une et l'autre de ces questions, il suffira d'examiner et de résoudre la première; et, pour cela, de feuilleter et de lire le *Moniteur.*

A l'Assemblée constituante, nous étions quatre représentants de l'Algérie. On ne se préoccupait alors que des intérêts du travail et des travailleurs, et tout le monde se demandait si l'Algérie ne nous avait pas été donnée par Dieu pour remédier à tous les embarras du moment.

Après les funestes journées de juin, on décréta la création d'un grand nombre de villages; on vota des millions, et on enrôla, sur la désignation des maires de Paris, des légions de familles d'ouvriers sans ouvrage, anciens cultivateurs, nous disait-on, et nouveaux croisés que nous embarquions au quai Saint-Bernard, avec les bénédictions de la religion, sur des bateaux qui les conduisaient par les canaux jusqu'à Marseille; d'où ils s'acheminèrent gaiement vers les terres offertes à leur misère et retirées pour eux à la barbarie musulmane. Mais, hélas! Si quelques-uns, dans leur enfance, s'étaient exercés à ces rudes travaux des champs, la plupart y étaient restés toute leur vie étrangers, et leurs mains novices, habituées au seul maniement des outils délicats des industries parisiennes, ne purent s'y faire. Beaucoup succombèrent à la peine, et beaucoup, au bout de quelques mois, durent revenir chercher dans leur ancien métier des moyens de vivre et de faire vivre leurs familles.

Ce n'en fut pas moins un bien pour l'Algérie, qui s'enrichit ainsi de nouveaux centres de population, de quelques milliers de colons robustes et d'une résistante énergie et d'un supplément utile d'éléments de travail et de production.

D'un autre côté, on avait organisé au ministère de la guerre une nombreuse commission chargée de reviser toute la législation algérienne et de proposer les améliorations à y apporter; on en avait organisé une autre au ministère du commerce avec la mission d'étudier particulièrement la question commerciale et d'en préparer la solution; la Constitution avait déclaré que le régime des arrêtés et des ordonnances serait remplacé par le régime des lois spéciales; et, en attendant que ces lois se pussent faire, le général Cavaignac, de si illustre et si regrettable mémoire, avait édicté, dans les quelques mois de son glorieux passage au pouvoir, une série d'arrêtés destinés à amender et à régulariser les différents services, selon l'esprit de nos lois générales, et notamment un arrêté constitutif de la commune, avec des conseils municipaux électifs, dans toute l'étendue des territoires civils.

Mais plusieurs et les plus importants de ces arrêtés ne furent pas exécutés ou ne reçurent qu'un commencement d'exécution. Bientôt les commissions ne furent plus convoquées ; rien de ce qu'elles devaient faire ne fut fait, et les affaires de l'Algérie retombèrent — sous la direction exclusive et la jalouse sollicitude du ministère de la guerre — dans les errements du passé.

La Constituante, qui se débattait contre la nécessité de finir, absorbée, pendant les derniers mois de son existence, dans le sentiment de sa conservation ou, pour dire plus vrai, dans le sentiment de la conservation de son œuvre, avait cessé de s'intéresser à cette question, alors accessoire ; il était devenu impossible d'y ramener son attention, et pour essayer de la relever et de la remettre en honneur, il fallut attendre la venue de ses successeurs.

Enfin, voici l'Assemblée législative ! et les lois spéciales promises par la Constitution et si impatiemment attendues par l'Algérie vont venir !

— Pas encore !

— Il faut d'abord apaiser les troubles excités parmi nous par l'expédition de Rome, qui ommence et qui va aboutir à une occupation indéfinie de la ville éternelle, en nous créant des devoirs et des embarras sur lesquels on ne se lassera pas de disserter et de se diviser avec une passion et une colère égales des deux parts, pendant plusieurs mois.

La France aime à suivre en dehors d'elle le sort de ses propres idées ; les ambitieux le savent ; et, avec elle, on spécule presque toujours à coup sûr, quand on compte sur cette disposition chevaleresque de son caractère à sacrifier le soin d'elle-même à l'intérêt des révolutions extérieures, dans lesquelles elle croit voir sa propre image.

Et puis, des lois spéciales pour cette Algérie que l'on connaît si peu et si mal, n'est-ce pas au ministère de la guerre qui, lui, la connaît à fond et qui a dans les mains tous les renseignements et toutes les lumières, à en prendre l'initiative? L'Assemblée est certainement disposée à le croire; et le ministère de la guerre, qui se rend exactement compte de ce sentiment de l'Assemblée, réfléchit et calcule avec une savante lenteur, et ne propose rien.

Les trois représentants de l'Algérie sont là, dans l'anxiété, attendant le bon plaisir du ministre de la guerre, et craignant, s'ils montrent trop d'empressement ou d'impatience à réclamer pour leurs commettants l'exécution de la Constitution, de paraître importuns ou malséants et de se créer des hostilités ou des oppositions qu'ils voudraient ne pas rencontrer; ils demandent incessamment, mais à voix basse, quand seront apportés ces projets de lois que probablement on élabore, et on leur répond avec une infatigable monotonie: « Pas encore, un peu plus tard, attendez. » — Et ils attendent en vain de la fin du mois de mai jusqu'au mois de novembre.

Nous avions épuisé tous les procédés amiables, et je ne pouvais plus douter, moi, que le ministère de la guerre ne fût bien résolu à maintenir le *statu quo* en Algérie autant et aussi longtemps qu'il dépendrait de lui de le faire. A bout de patience et désabusé de toute illusion, je me décidai à déposer, le 8 novembre, sur le bureau de l'Assemblée, une proposition tendant à obtenir la nomination d'une commission qui serait chargée de préparer les lois promises à l'Algérie par l'art. 109 de la Constitution.

Ma proposition fut, suivant l'usage, renvoyée à l'examen de la commission d'initiative parlementaire, grande et solennelle commission composée de trente membres, qui devait oonner préalablement son avis sur le point de savoir s'il y avait lieu ou s'il n'y avait pas lieu de prendre en considération toute proposition émanée d'un simple représentant.

Après m'avoir fait l'honneur de m'entendre, cette commission avait impitoyablement condamné ma prétention comme outrecuidante. Elle disait dans son rapport à l'Assemblée : « Votre commission pense que, s'il est vrai que de nouvelles lois soient nécessaires

« à l'Algérie, ces lois, pour être efficaces, pour être sans danger, ont besoin d'être pré-
« parées par le gouvernement. L'administration seule est en mesure de bien connaître les
« besoins dont notre honorable collègue se préoccupe à si juste titre. Seule, elle a la con-
« naissance complète des faits et des intérêts qui, jusqu'ici, ont empêché de placer pure-
« ment et simplement l'Algérie sous le régime de la Constitution. Il nous a paru que, pour
« une cause aussi spéciale, ce serait renverser les rôles et ne pas le faire sans de graves
« inconvénients..... »

Et, avec une bienveillance dont il me fut impossible de lui savoir gré, elle me conseillait
de substituer à ma proposition malencontreuse des interpellations au ministre de la guerre.

C'est dans cet état, le 21 du même mois de novembre, à la fin d'une séance qui avait été
longue et agitée, alors que, de guerre lasse, les journalistes, un à un et jusqu'au dernier,
avaient déserté leur tribune et que l'on n'apercevait plus au banc des ministres que le seul
ministre de l'intérieur, — que notre honorable président m'appelle à la tribune.

Je supplie l'Assemblée, fatiguée, de remettre au lendemain les explications que j'ai à lui
soumettre. L'Assemblée, plus ménagère de son temps que de ses forces, s'y refuse ; le
rapporteur s'y oppose aussi et présente en même temps et en toute hâte une seconde
édition de son rapport, plus accentuée et plus péremptoire encore que la première. Aussitôt
on crie : Aux voix ! aux voix ! Et ma proposition est sur le point d'être enterrée, sans
autre cérémonie.

Je proteste et je demande à être au moins entendu. Peu à peu l'orage se calme et l'on
se résigne à m'écouter.

J'expose de mon mieux que la question algérienne n'a rien de politique ; qu'elle doit
intéresser tous les partis au même titre et au même degré, mais que, si elle intéresse aussi
le ministre de la guerre, elle l'intéresse trop au point de vue de la guerre, pas assez au
point de vue de la colonisation ; qu'on ne peut raisonnablement lui demander, à lui, qui
est en possession en Algérie d'une espèce de dictature, de se dépouiller de ses mains de
son omnipotence ; qu'il n'y a, par conséquent, rien à attendre de son initiative ; et que,
s'agissant d'une question aussi capitale et d'un intérêt aussi général, c'était à l'Assemblée
et à l'Assemblée seule, qu'il pouvait appartenir de chercher et de trouver dans son sein les
hommes qui sauraient la résoudre ; — et j'ai la satisfaction de finir au milieu des marques
les plus flatteuses d'une approbation à peu près générale.

Le rapporteur n'en a pas moins tenu bon, avec l'appui de l'honorable ministre de l'intérieur, qui, comme lui, était d'avis de s'en remettre au gouvernement du soin de faire
des lois pour l'Algérie ; mais de sa vive réfutation je n'ai retenu qu'un mot, celui-ci :
« J'ai la conviction que nous serons battus dans cette question. »

Et, en effet, à la séance du lendemain, le général Cavaignac et le général Bedeau aidant,
ma proposition était prise en considération.

Un mois après, une commission de quinze membres, dont faisaient partie les esprits
les plus élevés et les plus considérables, MM. Dufaure, de Tocqueville, Passy, Lamori-
cière, de Corcelle, était à l'œuvre.

Et, cela dit, pour justifier mon assertion que l'Algérie doit, en grande partie, le progrès
de sa colonisation et le développement de son commerce à ce qu'elle a eu des représentants
à la Constituante et à la Législative, il ne me reste plus qu'à indiquer rapidement et par
des dates ce qu'a fait et ce qu'a voulu faire cette commission.

Sa première pensée s'est portée sur le régime auquel étaient assujettis les rapports
commerciaux des deux pays. Toute la faveur dont jouissaient alors les principaux produits
algériens sur le marché français consistait à y être admis moyennant la moitié du tarif
appliqué aux produits similaires provenant de l'étranger. Pour stimuler le travail de la
colonisation, il était indispensable qu'ils y eussent accès en toute franchise ; et la com-

mission rédigea en ce sens un projet qui eut pour rapporteur M. Charles Dupin, et qui fut apporté sur le bureau de l'Assemblée le 18 février suivant (18 fév. 1860).

Le rapport demandait qu'il fût déclaré qu'il y avait urgence à le discuter et à le voter; mais l'émulation du ministre de la guerre avait été excitée par le vote du 22 novembre précédent, et pendant que l'Assemblée délibérait sur le mode de nomination de la commission et sur le nombre des membres qui seraient appelés à la composer, il en établissait une, de son côté, dans ses bureaux, laquelle a reçu plus tard l'institution présidentielle, sous le titre de : Comité consultatif de l'Algérie, et il la chargeait d'étudier aussi un projet de loi sur la même matière.

C'est ainsi que, l'impulsion une fois donnée par la commission parlementaire, il la suivra désormais pas à pas, heureusement sans doute en certaines circonstances pour l'Algérie, mais qu'il réussira en certaines autres à la retarder et à l'entraver dans sa marche.

Le 9 mars, le projet du ministre de la guerre est présenté au Président de la république, qui en ordonne le renvoi au Conseil d'Etat; le 1er mai, il arrive à l'Assemblée, qui charge sa commission d'en faire l'examen; et, encore que les deux projets reposent sur les mêmes bases et aillent au même but, par des moyens identiques, ce n'est qu'après plusieurs mois de négociations qu'il nous est possible d'accorder l'un avec l'autre d'un consentement commun, et d'en faire un seul, qui donne lieu à un rapport final, déposé le 9 décembre.

De là la loi du 11 janvier 1851, qui a été si féconde en heureux résultats, que, tandis que « de 1839 à 1849, les deux provinces d'Alger et d'Oran ont payé à l'étranger « seize millions par an pour l'importation des céréales qui leur étaient nécessaires, trois ou « quatre ans après la promulgation de cette loi, elles suffisaient à leurs besoins et expor- « taient en outre des quantités considérables de grains (1). »

Je pourrais m'arrêter là; mais la commission a fait d'autres travaux qui veulent aussi être mentionnés.

Le 3 mai 1850, deux jours après le dépôt du projet du ministre de la guerre sur le régime commercial, elle présentait à l'Assemblée un second projet de loi, dont M. Passy était le rapporteur, sur l'organisation du gouvernement et de l'administration. Celui-là, j'ai le regret de ne le citer que pour mémoire; il a été porté maintes fois à l'ordre du jour, mais il a dû en être retiré par le désir qu'avait la commission de se concerter et de s'entendre avec le ministre sur un sujet de cette gravité; et l'Assemblée a été dissoute avant qu'il ait pu être l'objet d'une délibération.

Le 6 juillet suivant, un premier rapport était déposé sur un troisième projet, qui avait pour but de constituer sur la base du droit commun la propriété jusque-là si incertaine et si mal assise sous l'autorité des arrêtés et des ordonnances qui la régissaient; mais, bientôt après, un projet du même genre était élaboré par le comité consultatif, puis soumis à l'appréciation du Conseil d'Etat; et il ne fut apporté à l'Assemblée que le 24 mars 1851. Ce n'était guère qu'une reproduction littérale de notre projet, et, à ce moment, à un ministre de mauvaise humeur et toujours en quête des moyens de nous faire échec, avait succédé un honorable général qui se montrait disposé à nous prêter son concours. Aussi la conciliation fut-elle facile; et, dès le 29 du même mois, un second rapport sur les deux projets, fondus en un seul, en proposait l'adoption. Le 16 juin, l'Assemblée votait cette loi, que l'on a appelée la charte foncière de l'Algérie.

De plus, à la suite de deux propositions de M. Emile Barrault, relatives à la fondation d'un établissement de crédit foncier et agricole, et qui furent rejetées sans avoir été discutées, le gouvernement, averti que le temps était venu de mettre à la disposition du pays tout au moins les ressources d'une institution financière qui pût subvenir aux besoins les

---

(1) Procès-verbaux de la Commission instituée le 29 mai 1861 par M. le maréchal duc de Malakoff, p. 4.

plus impérieux du commerce et de l'agriculture, se décida à proposer la création d'une banque d'escompte, de circulation et de dépôt, sous le nom de *Banque de l'Algérie*, et l'Algérie y a applaudi avec ses représentants, mais pas plus qu'eux, et elle en a retiré et continue à en retirer les services les plus importants.

Ici je me heurte au 2 décembre, et je n'ai plus rien à dire.

Il me serait facile de multiplier les exemples de détails qui attestent combien réelle et sérieuse a été l'action directe ou indirecte de la représentation algérienne, tout à la fois sur les décisions de l'Assemblée législative et sur les résolutions de l'administration de la guerre elle-même, en tout ce qui concerne l'Algérie; mais à quoi bon? Après ce qui vient d'être rapporté, n'est-ce pas l'évidence même? Et que pourrais-je y ajouter qui en constatât mieux et plus authentiquement l'efficacité?

En secouant la poussière de ces vieux souvenirs, je ne cherche ni à réveiller des morts oubliés dans leur tombe ni à flatter de misérables vanités posthumes; je ne cherche pas davantage des prétextes d'attaque ou de résistance à des combinaisons de pouvoirs qui sont pour moi des phénomènes, mais que je considère comme étant le fruit naturel de la force des choses. Ce que je veux, ce que je voudrais, c'est qu'il ne fût plus possible de contester la nécessité pour l'Algérie d'avoir des députés au Corps législatif; qu'il apparût à tous les yeux, avec une égale clarté, qu'il importe à la France et à la prospérité de ses industries et de son commerce, tout autant et plus encore qu'à l'avenir de la colonisation algérienne elle-même, que des hommes honorables et indépendants puissent venir annuellement, au nom de l'Algérie et avec l'autorité du suffrage universel, rendre témoignage aux grands pouvoirs publics de notre pays des progrès accomplis et des progrès à accomplir par la civilisation sur cette terre française, et aussi de la bonne ou de la mauvaise conduite de cette grande affaire, qui est l'affaire de tout le monde.

Je crois qu'à cette condition, une administration, quelle qu'elle soit, serait contrainte de s'observer dans tous ses mouvements et dans tous ses actes, et que, si impropre qu'elle fût, par sa nature et son caractère, à l'œuvre que nous nous sommes donné pour mission de réaliser en Algérie, elle cesserait d'abord d'y être un obstacle, et que peut-être elle acquerrait, avec l'aide du temps, les qualités nécessaires pour la bien diriger; je crois, en d'autres termes, que le gouvernement militaire, tempéré par le contrôle élevé et souverain du Corps législatif, sans rien perdre de sa force normale, serait obligé d'adoucir les formes de son commandement, et qu'alors il ne serait plus pour les intelligences, pour les capitaux et pour les bras, l'épouvantail qui les empêche de s'associer aux grandes et fécondes entreprises de la colonisation algérienne; et c'est pourquoi je me réjouirais de voir l'Algérie envoyer trois députés au Corps législatif.

711 — Paris, imprimerie Jouaust, rue Saint-Honoré. 338.